AC
COBRA

AC COBRA

A verdadeira história por trás da lenda

RINSEY MILLS

Tradução de
Luiz M. Leitão da Cunha

Copyright © 2002 Rinsey Mills
Copyright da tradução © 2015 Alaúde Editorial Ltda.

Título original: *AC Cobra – The truth behind the Anglo-American legend*

Todos os direitos reservados. Nenhuma parte desta edição pode ser utilizada ou reproduzida – em qualquer meio ou forma, seja mecânico ou eletrônico –, nem apropriada ou estocada em sistema de banco de dados sem a expressa autorização da editora.

O texto deste livro foi fixado conforme o acordo ortográfico vigente no Brasil desde 1º de janeiro de 2009.

PRODUÇÃO EDITORIAL: EDITORA ALAÚDE
Preparação: Temas e Variações Editoriais
Revisão: Claudia Vilas Gomes
Consultoria técnica: Bob Sharp
Impressão e acabamento: Ipsis Gráfica e Editora S/A

EDIÇÃO ORIGINAL: HAYNES PUBLISHING
Edição: Warren Allport
Projeto gráfico: Bruce Aiken

1ª edição, 2015

Dados Internacionais de Catalogação na Publicação (CIP)
(Câmara Brasileira do Livro, SP, Brasil)

Mills, Rinsey
    AC Cobra : a verdadeira história por trás da lenda / Rinsey Mills ; tradução de Luiz M. Leitão da Cunha. – São Paulo : Alaúde Editorial, 2015.

    Título original: AC Cobra : the truth behind the Anglo-American legend
    ISBN 978-85-7881-318-5

    1. Automobilismo - História 2. Cobra (Automóveis) 3. Cobra (Automóveis) - História I. Título.

15-07074   CDD-629.2222

Índices para catálogo sistemático:
1. Cobra : Automóveis : Tecnologia : História 629.2222

2015
Alaúde Editorial Ltda.
Avenida Paulista, 1337,
conjunto 11, Bela Vista
São Paulo, SP, 01311-200
Tel.: (11) 5572-9474
www.alaude.com.br

CRÉDITOS DAS FOTOGRAFIAS

Alan Boe 93 acima, à direita, 94 acima, à direita, 98, 99, 100, 101 acima, à esquerda e abaixo, 102 acima, 103 acima, 141, 142
Bernard Cahier 41 abaixo, 42 acima, à direita, 56 acima, 62, 63 abaixo, 77 abaixo, 80 acima, 81, 82 abaixo, 83-85, 86 o par abaixo, 87, 88, 89 abaixo, 90 abaixo, 109 abaixo, 111 abaixo, 112-115, 123, 124, 125 acima, à direita e abaixo, 127 abaixo, 128 principal, 129-131, 133 abaixo, 134 acima
Biblioteca Ludvigsen 14 acima, 54 abaixo, 93 abaixo
Bob Olthoff 59, 60, 61 acima, 108
Carroll Shelby 8 o par à esquerda
Coleção Bill Murray 8 à direita, 64
Jim Maxwell 120 acima, 137-139, 154
John Tojeiro 9
Mick Walsh 144 abaixo, 145 abaixo
Ned Scudder 135
Revista *Autocar* 13 abaixo, 122 acima
Revista *The Motor* 16, abaixo, à esquerda, 20
Rinsey Mills 6, 15, 17, 28 acima, 40, 47, 49 acima, 53 o par à direita, 54 acima, 55 acima, 69, 70 abaixo, à esquerda, 72 acima, 76 no alto, à esquerda e abaixo, 94 acima, à direita, 96-97, 116 acima, à direita e abaixo, 117, 155
Shelby American Collection 57 acima, 78 acima, 82 acima, o par à esquerda, 85 abaixo, à direita, 89 à direita, 101 acima, à esquerda, 102 o par abaixo, 103 as três abaixo, 109 acima, 122 abaixo, 142, 151 o par à direita, 160
Simon Clay 33-35, 42-43 principal, 44, 50 abaixo, 50-51 principal, 52, 56-57 acima, 58, 65 abaixo, 66 acima, 66-67 principal, 67 acima, 68-69, 70 acima, 70-71 principal, 72-73, 75 abaixo, 76 acima, à direita, 91, 92, 94 principal, 95, 104-107, 147 abaixo
Stanley Rosenthal (Biblioteca Ludvigsen) 55 abaixo, 125 acima, à esquerda, 127 acima, 140
Ted Walker (Ferret Photographics) 156, 157 abaixo, 10, 11, 45 à direita, 46, 48, 49 abaixo, 61 abaixo, 80 abaixo, 82 acima, à esquerda, 110 à direita, 111 acima, 115 abaixo, 132, 133 acima, 143, 144 acima, 145 acima
Tom Wood (National Motor Museum) 74, 75 acima, à esquerda
Yves Debraine 18 abaixo, à direita

Compartilhe a sua opinião sobre este livro usando a hashtag #ACCobra nas nossas redes sociais:

/EditoraAlaude
/EditoraAlaude
/AlaudeEditora

Sumário

Introdução: AC, Shelby e Tojeiro	6
O AC Ace	12
A realização de um sonho	22
Feito para as corridas	32
Sonhando com os campeonatos mundiais	64
MkII: molas helicoidais e motor mais potente	118
AC Cobra – O registro de fábrica dos chassis	146
Índice remissivo	158
Agradecimentos	160

Introdução
AC, Shelby e Tojeiro

De vez em quando, as forças do destino produzem resultados inesperados. Episódios e coincidências aparentemente isolados muitas vezes se misturam, ora sem nenhuma consequência, ora promovendo mudanças profundas. O Cobra e os personagens desta história surgiram de uma dessas séries de eventos. A única coisa em comum entre eles era a paixão por carros.

AC Cars

Situada em Thames Ditton, na periferia sudoeste de Londres, a AC iniciou suas atividades no começo do século 20, fabricando um curioso triciclo com motor de um cilindro para uso pessoal ou comercial, que foi um sucesso. Pouco antes do começo da Primeira Guerra Mundial, a empresa havia começado a produzir veículos de quatro rodas, os quais, ao final das hostilidades, viriam a substituir os triciclos. O primeiro carro da AC do pós-guerra foi um modelo com motor Anzani de quatro cilindros e 1,5 litro. Uma característica incomum desse pequeno veículo, de resto convencional, era o câmbio de três marchas integrado ao eixo traseiro, uma concepção de John Weller, um dos fundadores da empresa.

Os anos 1920 foram um período de intensa atividade para a AC, embora não lucrativo. Weller havia concebido um motor de liga leve de seis cilindros, que entrou em produção no começo da década. Projetado com 1,5 litro, sua versão final de produção passou para 2 litros. Constituído por um bloco de liga leve, camisas úmidas e comando de válvulas no cabeçote de fluxo horizontal, o motor era parecido com os então fabricados por empresas como a Hispano-Suiza, que foram utilizados também em aviões. O maravilhoso novo motor de Weller foi instalado em um chassi com distância entre eixos pouco maior do que a de uma segunda versão semelhante, porém de dimensões menores. O estilo das carrocerias, salvo uma ou outra exceção, era o mesmo.

Para promover seus produtos, a empresa passou a participar de corridas e a tentar quebrar recordes. Em 1922, um AC com motor de 1,5 litro tornou-se o primeiro carro dessa categoria a ultrapassar a velocidade de 160 km/h. Três anos mais tarde, no circuito de Montlhéry, na França, um dos diretores da empresa, Thomas Gillet, pilotou sozinho, por 24 horas, um carro com motor de seis cilindros (é bem provável que quase sem nenhum preparo). Com esse feito, o fabricante estabeleceu o recorde mundial de 24 horas a uma velocidade pouco superior a 132 km/h. Naquela época, o presidente da empresa era Selwyn Francis Edge, que, em 1907, estabeleceu o recorde de 24 horas a 106 km/h, ao volante de um Napier, em Brooksland.

Em janeiro de 1926, um cupê conversível AC Six com motor de 2 litros se tornou o primeiro carro inglês a vencer o Rali de Monte Carlo. No ano seguinte, contudo, a situação financeira se deteriorou, levando Edge a injetar um grande volume de capital próprio na empresa, da qual se tornou controlador. Em outra ocasião, em Montlhéry, uma pequena equipe pilotou um seis cilindros pela pista inclinada daquele circuito, percorrendo um total de 24.140 quilômetros em nove dias. Apesar de uma colisão devido à pista coberta de gelo, que obrigou a uma longa parada para reparos, a equipe bateu mais um recorde — com uma grande vantagem de dois dias.

No final dos anos 1920, a linha AC, à exceção do motor de seis cilindros, começava a se tornar ultrapassada. Edge fez alterações nos modelos, primeiro dotando-os de freios nas quatro rodas e, depois, modificando o câmbio acoplado ao eixo traseiro, que não havia tido uma boa aceitação. No entanto, a tentativa tardia de atualizar a linha fracassou, resultando em uma série de modelos inadequados. No final da década, como ocorreu com tantas outras empresas, sobreveio a falência. Um interventor assumiu o lugar de Edge, e apenas o departamento de manutenção foi preservado. Em meados de 1930, a firma foi a leilão.

A era dos Hurlocks

Naqueles tempos difíceis, não havia muitos interessados em uma fábrica de automóveis falida, e os interventores tiveram de vender a empresa por um valor muito baixo. Os compradores foram dois irmãos, cujo maior interesse era aproveitar a empresa para ampliar seu negócio de veículos comerciais. No começo, embora não pretendessem que a AC voltasse a fabricar carros, Charles e William Hurlock continuaram prestando serviços de manutenção. Entretanto, os entusiastas de AC tinham a esperança de que surgisse um novo

Charles Hurlock, pouco antes da largada do Rali da Escócia de 1934, em seu carro esporte de quatro lugares e chassi curto. Atrás do carro está Jack Henderson (sem chapéu), que permaneceria no cargo de diretor de vendas da empresa até a década de 1960. Ele mesmo atendia todos os compradores do Cobra em visita à fábrica.

modelo. Para obter ganhos adicionais, os Hurlocks resolveram aproveitar os componentes remanescentes da época da administração de Edge para produzir alguns carros. Além disso, eles vinham pensando em relançar a marca.

Embora dispondo de um motor — o seis-cilindros de Weller —, os Hurlocks viam as coisas mais como concessionários do que como fabricantes, e rejeitavam a ideia de desenvolver um carro inteiramente novo.

Foi William Hurlock quem teve a ideia de sair à procura dos componentes que faltavam para montar um chassi. A partir dessa iniciativa, acabou surgindo um carro novo, feito com uma variedade de peças de outros fabricantes. Em 1935, depois de avaliar algumas opções de carrocerias, a maioria quase tão antiquada quanto os modelos do começo dos anos 1930, a fábrica definiu uma linha de carros que seria mantida em produção até a Segunda Guerra Mundial. Havia uma ampla variedade de modelos, entre os quais sedãs de duas e quatro portas, cupês conversíveis, cupês, modelos esporte de quatro e dois lugares (com um chassi mais curto). O desenho deste e da sua versão de quatro lugares foi elaborado pela consultoria de projetos do conde de March.

Durante a década anterior, sob a administração dos Hurlocks, a fábrica havia deixado de patrocinar competições, mas, por iniciativa de Charles, um entusiasmado participante dos ralis de temporadas, passou a apoiar um competidor amador independente. Assim, a fábrica encontrou um meio barato e seguro de participar de competições — os fracassos seriam esquecidos, mas os sucessos proporcionariam alguma publicidade ao carro e à AC.

Carroll Shelby

À direita: *Carroll Shelby em Palm Springs, em 1956, ao volante de um dos grandes Ferrari esporte, que ele pilotava tão bem.*

Carroll Hall Shelby nasceu em 11 de janeiro de 1923, em Leesburg, no Texas, onde sua família morou durante alguns anos até se mudar para Dallas, quando ele tinha 7 anos. Nessa época, diante do grande interesse do menino por carros de corrida, seu pai resolveu procurar um circuito local improvisado onde ele e o filho apaixonado por carros assistiam a corridas de amadores em uma pista empoeirada. Para o jovem Carroll, aqueles carros e as pessoas que os pilotavam eram tudo o que importava na vida. Ele ainda era adolescente quando a Segunda Guerra Mundial começou e, em 1941, alistou-se na Força Aérea dos Estados Unidos. Terminada a guerra, Carroll estabeleceu um serviço de coleta de lixo; em seguida, trabalhou por algum tempo nos campos de petróleo do Texas e depois passou a criar galinhas, mas faliu quando uma doença dizimou os animais. No começo dos anos 1950, descobriu as corridas de automóveis, participando no início de provas de hot rod ao volante de um antigo Ford com motor V8 e comando de válvulas lateral; pouco depois, em meados de 1952, participou de sua primeira competição, com um MG TC. A primeira etapa da prova era somente para carros MG; depois ele acabou vencendo alguns Jaguar XK120. Nessa época, a SCCA havia começado a organizar corridas. Shelby participou de uma delas, em Caddo Mills, no Texas, pilotando um Cadillac-Allard, e mostrou do que era capaz. Seu sucesso logo chegou ao conhecimento do chefe da equipe da Aston Martin, John Wyer, que o inscreveu na corrida de 12 horas de Sebring, de 1954, e na de Le Mans. Apesar de obter uma segunda colocação em Sebring naquele ano com um Ferrari em parceria com Phil Hill, ele só retornaria ao circuito francês em 1959.

Embora também pilotasse carros de um só lugar, Shelby preferia os modelos esporte, em especial os de motores mais potentes. Participou de corridas ao lado de todos os grandes nomes da época — Fangio, Gonzales, Hawthorn, Collins, Behra e Moss —, pilotando carros de proprietários americanos. Sua impressionante atuação ao volante de grandes carros como Ferrari e Maserati em competições nos Estados Unidos, em meados dos anos 1950, é uma lembrança inesquecível. Ele foi o Piloto do Ano da *Sports Illustrated* em 1956 e 1957.

Por volta dessa época, Shelby já acalentava a ideia de construir seu próprio carro esporte e decidiu que seu nome seria Cobra. Em 1957, para poder levar esse sonho adiante, fundou uma concessionária de carros esporte, financiado por Dick Hall. Seu irmão, Jim, que corria com um Lister-Chevrolet adquirido da concessionária, viria depois a construir e pilotar seu próprio carro, o Chaparral. Mesmo com seu novo negócio, Shelby encontrou tempo para participar de corridas, tendo, inclusive, competido pela segunda vez em Le Mans, em meados de 1959. No entanto, depois de vencer o campeonato da USAC no primeiro ano da nova década, ele começou a sentir dores no peito, diagnosticadas como angina. A doença o obrigou a abandonar as corridas no final do ano. Além disso, ele se separou da mulher e foi morar na Califórnia, onde se tornou distribuidor dos pneus de corrida Goodyear.

John Tojeiro

Eu sei que, de uma forma ou de outra, Carroll Shelby acabaria produzindo seu Cobra, mas é impossível dizer como teria sido o carro se não tivesse existido John Tojeiro. Nascido em 1923, em Estoril, Portugal, filho de pai português e mãe inglesa, John tinha apenas 2 anos quando a mãe, viúva, se mudou para Swanage, em Dorset. Depois de abandonar os estudos, ele se tornou aprendiz em uma firma com o gracioso nome de Shelvoke and Drury, fabricantes de veículos — como coletor de lixo. Aos 19 anos, foi dispensado para servir às forças armadas durante a guerra, como ajustador mecânico da Aviação e da

Marinha. Seria exagero supor que um daqueles aviões, como o Fairey Swordfish, pudesse ter servido de inspiração para o jovem Tojeiro? Em 1945, finda a guerra, ele voltou a trabalhar na Shelvoke and Drury, mas saiu antes de concluir o aprendizado, para abrir uma pequena firma de engenharia em um barracão atrás de uma oficina, cujo dono era Vincent Davidson. Depois de participar de uma das primeiras corridas do pós-guerra, ele se encheu de entusiasmo e decidiu criar seu carro de corrida.

Acima: *John Tojeiro sentado no interior do carro que se tornaria o protótipo do Ace, quando uma carreta do fabricante de carrocerias veio buscá-lo.*

À esquerda: *John Tojeiro e Cavendish Morton admiram um Jaguar Tojeiro, cuja carroceria fora desenhada por Morton.*

O entusiasmo aumentou ao ficar amigo de Harry Lester, preparador de carros MG de corrida com motores especiais. Observando o bom desempenho daqueles carros, Tojeiro comprou um MG TA avariado, que desmontou e reconstruiu com uma carroceria de alumínio bastante simples, ao estilo das produzidas por seu novo amigo.

Logo que começou a correr com o carro, John percebeu que o chassi e a suspensão, que não haviam sofrido nenhuma modificação, teriam de ser muito

O primeiro Tojeiro, em Goodwood, em 1954. Embora não fosse mais uma novidade, ainda era competitivo.

melhorados. Ele se convenceu ainda mais disso quando examinou o MG-Cooper adquirido por um velho colega de escola, Brian Lister. Não é certo dizer que ele apenas copiou a suspensão transversal independente da Cooper, a qual, por sua vez, havia sido inspirada no Fiat Topolino do pré-guerra, mas podemos afirmar que algumas de suas ideias foram tiradas do desenho da Cooper.

Sua primeira tentativa de construir um chassi não foi muito bem-sucedida, pois a peça se arqueou quando foi desaparafusada do gabarito. Aos poucos, ele foi melhorando suas técnicas, até conseguir executar o que havia planejado. O primeiro carro concluído, equipado com um motor Wolseley-MG, foi adquirido por Chris Threlfall, um entusiasmado piloto amador, que obteve algumas vitórias com ele.

Como a oficina de Tojeiro não estava equipada para produzir algumas peças, como molas, ele teve de encomendá-las à Lister, em Cambridge. Certo dia, durante uma visita de Tojeiro, Brian Lister encomendou um carro. O carro produzido, que tinha um motor JAP de 1.100 cm^3 com dois cilindros em V, bem preparado, daria origem a outra série de acontecimentos. Lister percebeu que o carro era rápido demais para ele, e conseguiu que um jovem conhecido, Archie Scott Brown, o pilotasse em seu lugar — mas isso é outra história. Daí em diante, uma série de acontecimentos levaram Tojeiro à AC Cars e, depois, ao Cobra.

Em 1951, havia um Cooper-MG com uma carroceria barchetta bastante parecida com a do Ferrari 166, e muito bem-feita pela Gray and Rich, de Hammersmith, em Londres, pilotado por Lionel Leonard. Em seguida, o carro foi adquirido pelo concessionário Cliff Davis, de Londres, para a temporada de 1952. Embora o JOY500 — número de licença do carro pelo qual ele se tornou conhecido — tivesse apresentado um bom desempenho, Davis queria algo mais potente para o ano seguinte. Quando viu a excelente estabilidade do carro de Chris Threlfall, pediu a Tojeiro que produzisse um modelo para ser equipado com um motor Bristol, como os utilizados nos carros de corrida de Frazer Nash. Tojeiro havia concebido seu chassi para ser utilizado com diversos tipos de motor, portanto, não houve problemas. No entanto, tenho certeza de que até então ele não havia pensado em um motor V8 de 4,7 litros com potência de, em média, 400 cv. O carro recebeu uma bela carroceria barchetta da Gray and Rich, e Davis conseguiu licenciá-lo como LOY500. Se o leitor quiser ter uma ideia do que era o carro produzido por Tojeiro, basta ler as reportagens sobre as corridas de 1953.

Em 1953, Cliff Davis, ao volante de seu Tojeiro Bristol, derrotou alguns dos grandes pilotos.

O AC Ace

John Tojeiro e os Hurlocks se conheceram por meio de Ernie Bailey, um fabricante de carrocerias que estava se esforçando para produzir uma versão conversível do pouco atraente sedã AC de 2 litros. Depois de pronto, o modelo recebeu o nome de turismo Buckland, em referência ao nome da fábrica de carrocerias; felizmente, exceto pelo fato de ser um AC, o carro não tinha nenhuma relação com a história do Ace ou do Cobra. Tojeiro conhecia Bailey, e Bailey sabia que os Hurlocks estavam preocupados com a rápida obsolescência dos modelos de sua linha.

Derek Hurlock e Jack Henderson parecem um pouco hesitantes ao convidar os clientes para conhecer seu carro. O modelo de 2 litros era quase um carro do período pré-guerra com uma carroceria do pós-guerra. No entanto, é preciso reconhecer que ele era muito mais agradável de dirigir do que muitos outros modelos da época.

Tojeiro havia produzido outro carro, para Vin Davidson, equipado com um motor quatro cilindros Lea-Francis de 2,5 litros, com uma carroceria de alumínio de estilo italiano montada em um chassi tubular leve de aço. Este foi o carro mostrado aos Hurlocks.

Ele está na foto ao lado, estacionado no pátio da fábrica da AC Cars Ltd, em Thames Ditton, com um acabamento interno rudimentar, para-brisa e pintura. Pode ter sido neste dia que a AC adquiriu os direitos de propriedade do modelo. Davison veio depois a trabalhar na empresa como engenheiro de desenvolvimento. John Tojeiro firmou um acordo autorizando a AC a utilizar seu projeto mediante o pagamento de *royalties* no valor de 5 libras por carro, para as cem primeiras unidades. Foi também estabelecido que Tojeiro produzisse mais um chassi, que seria utilizado como modelo, e também para a confecção de gabaritos. Assim, completou-se a cadeia de eventos que, menos de dez anos depois, levaria à criação do Cobra.

O Tojeiro transformado em AC Ace

Nesta fotografia, aparece o mesmo carro, após ter sido adquirido pela AC. Não é possível dizer se ele já estava equipado com um motor AC de seis cilindros, mas é certo que sua transformação em protótipo do Ace ainda não havia sido concluída.

Embora já tivesse recebido pintura e um para-brisa com moldura integral, acabamento interno e capota de lona, o carro ainda estava com as rodas de alumínio Turner que

Tojeiro utilizava. Antes de ser levado para o Salão do Automóvel, o modelo recebeu rodas raiadas; depois de concluído, foi licenciado de novo pela AC como TPL791.

A conversão concluída

Quando este desenho em corte foi feito, em 1953, o trabalho de conversão do Tojeiro em AC já tinha terminado. O motor AC de seis cilindros foi instalado bem recuado no chassi tubular duplo, com uma caixa de câmbio Moss — a AC utilizava produtos Moss desde meados dos anos 1930. É interessante notar que o sistema de direção de pinhão e cremalheira que Tojeiro havia instalado nesse protótipo foi mantido. Entretanto, todos os Aces de série eram equipados com caixas de direção Bishop Cam, como as de certos Austin do pós-guerra. Na opinião de alguns, essa alteração teria sido feita devido à existência de uma grande quantidade desses componentes em oferta, mas a economia obtida não justificava a modificação do projeto. O mais provável é que a diretoria da AC tenha optado por esse sistema por ele ser mais tradicional.

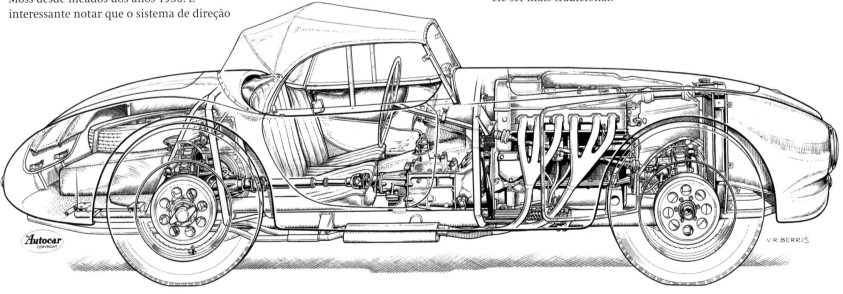

O protótipo do Ace em exposição

O estande da AC no Salão de Earls Court de outubro de 1953, de número 135, tinha a mesma localização do ano anterior: do lado direito, no meio do corredor central, logo atrás da Lagonda, e em frente do grande estande da Ford. Ao lado do velho sedã, que era o principal produto da empresa desde a época da guerra, estava o carro que pertencera a Tojeiro — agora com pintura na cor creme, acabamento interno de couro marrom e capota bege. Além desses carros, estava em exposição também o primeiro chassi completo produzido pela AC com a estrutura fornecida por John Tojeiro. Esse chassi, com acabamento especial, tinha também um sistema de direção de pinhão e cremalheira e um radiador com altura desproporcional, aproveitado de um dos sedãs do fabricante. O robusto painel dianteiro tubular de aço, que integraria os chassis de todos os Aces e, depois, os dos Cobras, e que também foi utilizado no protótipo de Tojeiro, tinha sido eliminado. Embora fundamental para a rigidez estrutural e sustentação da coluna de direção, o componente foi deixado de fora porque o fabricante imaginava que isso facilitaria a visualização do chassi. No catálogo do Salão, o carro e o chassi eram descritos como AC Esporte Especial 2-litros de dois lugares, ou Ace Esporte de dois lugares, com preço básico de 915 libras. Depois da apresentação no Salão de Earls Court, o chassi de exposição foi levado de novo para a fábrica da AC e vendido a um amigo de Chris Threlfall, que o utilizaria para construir um modelo de corrida.

John Bolster, da revista *Autocar*, foi o primeiro jornalista a testar o novo AC, embora ainda como protótipo, em janeiro de 1954. Em vista dos acontecimentos futuros, é divertido ler o que ele escreveu: "Ele não foi projetado como carro de corrida, e não será modificado para essa finalidade, pois isso afetaria a maciez e a elasticidade de seu motor". Carroll Shelby, com certeza não chegou a ler essa edição de 1954 da revista inglesa...

O primeiro Ace de série

Antes de dar início à produção dos chassis, a AC fez uma leve modificação no desenho da torre de suspensão traseira e reforçou os braços triangulares; além disso, substituiu o sistema de direção original de pinhão e cremalheira pelo de setor dentado e sem-fim. O primeiro chassi (AE01) desse tipo foi utilizado no primeiro AC Ace de série, licenciado como UPJ75.

O novo carro tinha um visual bem diferente e foi produzido a tempo de ser fotografado na primavera, ao ar livre. A carroceria do protótipo tinha um estilo inconfundível — copiada, ou, no mínimo, com forte inspiração nos modelos Ferrari barchetta do fabricante italiano Touring —, com algumas modificações oportunas. Seria exagero dizer que era melhor que a original, mas suas linhas eram mais delicadas, com um vinco nas portas e uma traseira de leve encurvada para cima. Tudo isso foi mantido desde o primeiro Ace, com pequenas exceções, até o último Cobra fabricado em

Thames Ditton. No entanto, os modelos de série tinham algumas características bastante diferentes do protótipo, com os faróis em posição mais alta e uma moldura realçada em torno da grade, passando sob os faróis, como nos grã-turismos. Além disso, a linha do painel era mais elevada e a inclinação dianteira e traseira foi reduzida, tornando o formato mais compacto. Todas essas modificações foram feitas por Alan Turner, que havia ingressado na AC pouco antes da Segunda Guerra Mundial, e se tornou encarregado da maior parte do trabalho de projetos de estilo.

O batismo no Rali dos Alpes

Em julho de 1954, uma equipe com três AC Aces foi inscrita no 17º Rali dos Alpes, a primeira grande competição da qual o novo modelo participaria. As condições climáticas estavam bastante adversas para aquela época do ano, e apenas 37 carros conseguiram chegar ao final, enfrentando neve e chuva, dentre os quais havia somente um Ace, que, no entanto, não se classificou. Pilotado por Slatter e Hinton, o carro cumpriu todo o percurso, apesar de ter resvalado na parede de um túnel, tendo de ser reparado ali mesmo, de improviso. Devido a uma parada para se banhar em um riacho nos Alpes, a dupla acabou chegando ao ponto de controle em cima da hora. Os outros dois Aces haviam abandonado a competição logo no início, um deles com um curto-circuito, e o outro com problemas na direção causados por uma colisão contra uma rocha. Apesar disso, os carros haviam apresentado tempos muito bons nos testes. O prêmio foi conquistado por uma equipe profissional, pilotando um Triumph TR2.

Pau para toda obra

O UPJ75 permaneceu em poder da fábrica por um bom tempo e foi utilizado para várias finalidades. Foi um dos carros da equipe que participaram no Rali do Alpes e também um dos que não terminaram a prova. No começo de dezembro de 1954, a *The Motor* o submeteu a um teste de rua, registrando a velocidade máxima média de 165 km/h, com um consumo de combustível pouco superior a 8,8 km/l e aceleração de 0-96,5 km/h em 11,4 segundos. Esse tempo de aceleração é baixo para os padrões atuais, mas foi considerado muito satisfatório há cinquenta anos. No Rali das Tulipas de 1955, John Gott, que havia sido vencedor na classe 2-litros no ano anterior ao volante de um Frazer Nash, foi convencido a correr com o Ace. Desta vez, não houve problemas com o carro, e Gott conseguiu uma segunda vitória, que talvez tenha sido o melhor resultado da AC em ralis na década de 1950. Além disso, o Ace foi utilizado por Derek Hurlock e vários outros pilotos em diversos tipos de ralis e eventos; foi, ainda, utilizado em demonstrações e como carro de desenvolvimento.

Um Ace mais potente

Certamente, um carro com o visual e a estabilidade do Ace não poderia ficar fora das corridas, e um de seus primeiros e mais entusiasmados pilotos foi Ken Rudd, dono de uma oficina em Sussex e especialista em preparo. Apesar do sucesso alcançado com seu Ace, muito bem preparado, ele percebeu que outros carros, embora pudessem ser inferiores em outros aspectos, utilizavam motores Bristol de 2 litros, mais potentes. E entre esses carros havia Tojeiros, legítimos antecessores do AC Ace. Rudd era também concessionário da AC, e bastante conhecido na fábrica, onde podia manifestar suas opiniões. Depois de intensos debates e uma visita à fábrica da Bristol para confirmar a viabilidade da ideia, os Hurlocks decidiram autorizar Rudd a realizar a conversão de um Ace experimental com motor Bristol. Para isso, um carro já bastante usado, de propriedade da fábrica, com o chassi de número AE50, foi vendido a ele por um preço especial. Depois de pronto, o Ace com o novo motor mostrou um desempenho tão impressionante que a fábrica resolveu acrescentar o modelo à sua linha 1956. O carro recebeu o nome de Ace-Bristol.

Pilotado por Rudd, o carro original de desenvolvimento obteve uma vitória moral no Campeonato Autosport de Carros de Produção de 1956, com a melhor pontuação. No entanto, o vitorioso foi um

MG que havia sido derrotado, mas venceu a corrida de handicap de três horas do final da temporada. Houve protestos, mas regras são regras e, embora Rudd tivesse acumulado uma grande vantagem na corrida, não conseguiu cumprir seu handicap. A revista *Autosport* depois se deu conta de que o regulamento era injusto, e o alterou no ano seguinte, de forma que o vencedor passou a ser o piloto com a melhor pontuação. Em 1957, apesar de ter vencido com facilidade a corrida de três horas, Ken Rudd deixou de ser o grande vitorioso de novo, desta vez porque ficou em segundo lugar na classificação geral.

Antes disso, em junho, Rudd (em parceria com Peter Bolton) havia participado de uma corrida muito mais importante, em Le Mans, na França. Pilotando outro Ace (chassi número AE205), também equipado com motor Bristol, além de outras modificações que o tornaram mais adequado para competir naquela longa corrida de grande velocidade, a dupla obteve uma média de 156 km/h em 24 horas, classificando-se em segundo lugar na classe 2-litros, e em décimo na classificação geral. As entradas de ar laterais nos para-lamas dianteiros e uma nova grade de radiador eram o prenúncio do que viria.

Correndo em Sebring

Nesta época, os AC Aces haviam começado a participar de corridas nos Estados Unidos. Em 1956, um carro com motor AC teve um ótimo desempenho em Sebring, surpreendendo os demais participantes ao conseguir terminar a corrida de 12 horas em quarto lugar na sua classe e em 18º na classificação geral — um desempenho nada mau para um motor do começo da década de 1920.

No ano seguinte, teve início a produção dos Ace-Bristols, com cerca de trinta a quarenta carros exportados para os Estados Unidos. Destes, três foram inscritos na prova de resistência de 12 horas da Flórida, um dos quais foi o vencedor da classe GT 1601-2.601 cm³. Na corrida de 1958, havia quatro Ace-Bristols na linha de largada. Os carros foram inscritos nas classes Gran Turismo (com uma subdivisão, naquele ano, para carros de 1601-2.601 cm³) e na de carros esporte, esta destinada a carros de corrida especiais.

O Ace que havia tido aquele ótimo desempenho na Le Mans de 1957 foi levado para os Estados Unidos e inscrito na corrida de Sebring, mas, na verdade, somente seu motor acabou chegando ao destino. A revista *Autosport* narrou esse incrível episódio: "O dr. Dick Milo partiu da Pensilvânia ao volante de seu carro reboque Plymouth Fury, um modelo especial com suspensão reforçada, motor modificado etc., em direção ao sul da Flórida. A carreta levava seu AC-Bristol que havia participado da Le Mans. Em algum ponto da Virgínia, a trava do engate se soltou, a carreta capotou em uma direção, e o Plymouth, em outra — várias vezes. O dr. e a sra. Milo foram levados ao hospital, medicados e, pouco depois, dispensados; ela, com o braço ferido, apareceu de tipoia em Sebring. O dr. Milo telefonou para Hap Arnold [na verdade, Hap Dressel], importador da Bristol na Virgínia, e pediu a ele que retirasse o motor do carro destruído. Voltou às pressas para a Pensilvânia, tirou da garagem seu Packard e outra carreta, e a carregou com outro AC-Bristol, cujo motor estava na Inglaterra, passando por uma revisão. Telefonou para Sebring e conseguiu uma autorização para submeter o carro à inspeção técnica fora do prazo regulamentar; na noite anterior à corrida trabalhou no carro até as 4h. Assim, além dos 100 dólares da taxa de inscrição, sua participação na corrida custou-lhe dois carros, duas carretas e dois carros esporte. Mas o esforço valeu a pena porque o AC venceu em sua classe". Os proprietários de AC ficaram muito entusiasmados.

Em 1959, a marca conquistou sua terceira vitória consecutiva na classe GT. Contudo, em 1960, o vencedor da GT foi um

Na página ao lado:
O AE205, fotografado na frente do showroom da fábrica.

Arnolt-Bristol, e depois disso os carros de Thames Ditton passaram algum tempo sem novas conquistas.

Naqueles anos, embora estivesse no auge de sua carreira, Carroll Shelby não teve muita sorte no circuito da Flórida — outrora uma antiga pista de pouso. Em 1956, em parceria com Roy Salvadori, ele se classificou em quarto lugar com um Aston Martin de fábrica. Em 1957, a dupla correu com um Maserati, mas foi desclassificada durante a prova. Quando voltaram para a Aston Martin, em 1958, a alavanca de câmbio do carro se quebrou durante uma corrida e, no ano seguinte, tiveram de abandonar a prova na segunda volta devido a problemas com a embreagem. Na última vez em que Shelby correu em Sebring, em 1960, o Maserati que ele pilotava em dupla com o americano Masten Gregory apresentou um defeito no motor, obrigando-o a abandonar a corrida no final da segunda volta. Mas Shelby ainda haveria de voltar a Sebring.

As corridas do SCCA

O Ace-Bristol parecia ter sido feito para a série de corridas realizadas pelo Sports Car Club of America (SCCA). No final de 1957, o coronel Robert Kuhn acumulou várias vitórias com um desses modelos, vencendo a Classe E do campeonato do SCCA. Os Ace-Bristols predominaram nesta classe durante os dois anos seguintes e continuaram na liderança em 1960 quando, dando uma chance aos outros competidores da Classe E, foram promovidos à classe D. Em 1961, já na classe C, o modelo foi mais uma vez campeão.

Corridas internacionais

Os Ace-Bristols participaram com sucesso de corridas em outros países, e aqui está Eric Glasby, da Rodésia do Sul (atual Zimbábue), exibindo seus troféus com orgulho. Jean Behra, piloto de prova da Ferrari, classificou-se em primeiro lugar na Classe 2-litros com um Ace-Bristol, em 1957, na Coupe du Salon, em Montlhéry.

Shelby saboreia uma vitória em Le Mans

Como integrante da equipe de corridas Aston Martin, Carroll Shelby foi copiloto de Roy Salvadori no carro que venceu a corrida de Le Mans em 1959. Não foi uma vitória fácil, com os velozes Ferrari ameaçando ultrapassar os carros ingleses. Embora Stirling Moss, pilotando talvez o mais rápido dos Aston, tivesse

Ao centro, à direita: *O Aston Martin DBR1 da dupla Shelby/Salvadori a caminho da vitória em Le Mans, em 1959.*

À extrema direita: *Carroll Shelby em ação na corrida de Le Mans, em 1959.*

liberdade de ação, os pilotos dos outros dois Aston tinham de seguir ordens e observar tempos rigorosos ao longo das 24 horas. Moss largou na frente e tentou ampliar sua vantagem. Os Ferrari, que naquela corrida pareciam não ter uma tática definida, reagiram, ultrapassando o líder, mas não chegaram ao final, talvez por terem sido muito forçados. Outra ameaça, a dos carros com motores Jaguar, também caiu por terra quando esses motores, em geral confiáveis, apresentaram problemas. Moss também teve de se retirar da prova quando o motor do seu carro aspirou uma peça quebrada do sistema de admissão. Assim, mantendo velocidades adequadas, sem forçar demais os motores, os dois outros disciplinados pilotos da Aston Martin alcançaram a vitória que a marca buscava havia tanto tempo. Durante a corrida, Shelby deve ter notado um pequeno roadster verde-claro (a mesma tonalidade do verde de seu Aston de competição) nas vezes em que o ultrapassou; até porque já havia visto algo parecido nos Estados Unidos. Ao final das 24 horas de corrida, o Aston havia percorrido 4.347 km a uma velocidade média pouco superior a 180 km/h. O pequeno roadster AC verde obteve o sétimo lugar na classificação geral, tendo percorrido 3.684 km com uma velocidade média acima de 150 km/h.

O pequeno roadster verde

O Ace-Bristol vencedor na classe 2-litros simultaneamente à vitória de Shelby foi fotografado nos boxes durante os treinos para a Le Mans. O carro não era sequer preparado ou patrocinado pela fábrica; era de segunda mão, de 1956, já com três anos de uso. Foi tomado emprestado de sua dona, recebeu algum preparo, foi conduzido até o circuito, participou da corrida, e depois foi devolvido à proprietária. Embora seu para-brisa original tivesse sido reinstalado, o carro tem até hoje as aberturas laterais feitas para sua participação em Le Mans, anteriores às do Cobra.

Acima: *O Ace-Bristol BE214 sendo inspecionado nos boxes durante o treino.*

À esquerda: *Quase ao meio-dia, os espectadores ainda se aglomeravam próximos à linha de chegada — e o Ace já estava prestes a alcançar a vitória em sua classe.*

Mudanças e um novo modelo

Em 1960, as vendas do AC e do Ace com motor Bristol começaram a cair. O motor AC de seis cilindros estava realmente se tornando obsoleto. O mérito por sua longa permanência em produção é do seu criador, John Weller, e do carro esporte Ace, que, com sua boa estabilidade e seu baixo peso, fez dele um sucesso. Quando sua produção foi enfim encerrada, em 1963, o Bristol se tornou o primeiro motor da história do automobilismo a permanecer em produção durante mais de quarenta anos. E é possível que seu recorde nunca venha a ser superado.

A versão Bristol de corrida também já não era mais tão competitiva. Além disso, a Bristol pretendia utilizar motores V8 americanos porque os de 2 litros já não condiziam mais com sua fama de fabricante de excelentes — embora estranhos — grã-turismos de produção limitada. Com isso, em algum tempo não haveria mais motores Bristol. A verdade, porém, é que eles nunca faltaram, e seu fornecimento à AC não chegou a ser interrompido.

Por volta dessa época, o incansável Ken Rudd voltou à cena com uma nova ideia: o Ace-Zephyr. Antes, ele havia equipado um dos primeiros Aces com um motor Bristol, e desta vez utilizou um Ace-Bristol como protótipo. Embora o motor Ford de série, com cerca de 90 cv, fosse um pouco menos potente até mesmo que o antigo motor AC, ele podia ser preparado de modo a permitir que sua potência aumentasse para 170 cv. Nem mesmo a pequena desvantagem de peso do motor Ford, argumentou Rudd, impediria o Ace de igualar ou, melhor ainda, superar seu desempenho — com a vantagem extra de ser mais barato e fácil de obter. Sua expectativa foi confirmada por um teste comparativo dos tempos de 0-160 km/h registrados pela *The Motor*. O Ace-Bristol fez um tempo de 25,8 segundos, que o protótipo com motor Ford superou por 2,5 segundos. Quando foi testado pela revista *Autosport*, o

Este Ace 2.6 mais recente, RS2020, tem os mesmos para-choques dos Cobras, à exceção do primeiro deles.

mesmo carro apresentou o excepcional tempo de 12,1 segundos na arrancada de 0-128 km/h.

Alan Turner foi convocado para reestilizar o Ace, que havia permanecido inalterado desde 1954, dando origem ao Ace RS 2.6 (o RS significava Ruddspeed). Aproveitando a baixa altura do motor Ford de seis cilindros e o menor curso, ele diminuiu a altura do capô e remodelou a traseira. Num instante, à exceção dos arcos das rodas, o desenho do Cobra foi concluído.

Entretanto, pouco depois de um ano, surgiram outras oportunidades e a fábrica da AC desistiu do Ace de Rudd. Os acordos existentes entre ele e os Hurlocks foram rompidos, e a produção do 2.6 foi encerrada ao mesmo tempo que a dos outros modelos Ace. A produção total foi de apenas 37 unidades.

A realização de um sonho

Nos Estados Unidos, Carroll Shelby, além de se ocupar de uma escola de pilotagem de carros de corrida perto do circuito de Riverside, acalentava o sonho de fabricar seus carros esporte.

Alguns anos antes, ele tentou convencer a General Motors a participar de um projeto, mas seus esforços não deram em nada uma vez que a prioridade da empresa era o Corvette. Mais tarde, ele propôs à inglesa Austin-Healey lançar uma versão do seu carro com motor americano, mas a fábrica não se interessou. Embora na época ele ainda não tivesse um chassi próprio ou qualquer outro para utilizar em seu carro esporte, logo encontraria o motor ideal.

O motor de 3,6 litros.

O novo Ford V8

Em 1960, a Ford Motor Company, ao constatar que sua linha de motores V8 estava se tornando ultrapassada, atribuiu a George Stirrat a tarefa de projetar um substituto. O novo motor teria de ser leve e compacto, além de comportar futuros aumentos de cilindrada. Com o novo processo de fundição parede fina da Ford, Stirrat pôde projetar um motor de ferro fundido de peso semelhante ao dos fabricados com alumínio.

Seis meses depois, o primeiro motor de 3,6 litros estava pronto e funcionando. A Ford havia também acabado de instituir um programa de competições que depois daria origem à sua campanha promocional Total Performance. Dave Evans, um dos encarregados dessa iniciativa, era conhecido de Shelby, a quem deu a ideia de utilizar o novo motor em seu carro esporte. Entusiasmado, ele chamou Shelby a Dearborn para discutirem o assunto. Desse encontro, ficou decidido que dois motores seriam despachados para a Califórnia, onde Shelby alugava parte das instalações de uma oficina de preparo, que utilizava como escritório e depósito dos pneus de corrida Goodyear, dos quais era revendedor.

O novo motor leve da Ford era compacto em comparação aos grandes V8 da geração anterior. Além disso, Dave Evans disse a Shelby que o motor havia sido projetado para comportar aumentos de cilindrada. Nesse momento, Shelby percebeu que aquele seria o motor de seu tão sonhado carro.

Shelby se encontra com os Hurlocks

Havia chegado o momento decisivo para a realização do sonho de Carroll Shelby, com um sucesso que iria muito além das suas expectativas. Ele procurou então a AC Cars Ltd, na Inglaterra, propondo a possibilidade de produzir uma versão do Ace com motor V8 americano.

Embora assim pudesse parecer, aquela iniciativa não foi fortuita. Shelby havia testemunhado o sucesso dos Ace-Bristols nas pistas; além disso, tinha informações sobre a situação da empresa, obtidas por meio de seus contatos na *Sports Car Graphic*. As vendas do Ace com motor Bristol estavam em declínio e, de qualquer forma, a produção daquele motor seria encerrada. Como já existia uma versão renovada do Ace com motor Ford de seis cilindros, ele imaginou que poderia muito bem haver outra, com um motor V8 leve do mesmo fabricante.

A REALIZAÇÃO DE UM SONHO

Carroll Shelby (à direita) em uma visita posterior à fábrica, acompanhado de Ray Geddes (à esquerda), funcionário da Ford destacado para trabalhar com ele no projeto do Cobra. Geddes cuidava do orçamento e, naquela viagem, no primeiro semestre de 1963, tratou do preço unitário do Cobra com os Hurlocks (Derek ao centro, à esquerda de Shelby, com Alan Turner ao fundo). Com tudo acertado, ele conseguiu financiamento da Ford Motor Credit — que financiava os concessionários — para os motores, que seriam fornecidos pela Divisão de Motores da Ford. Só não sei por que o motor 3,6-litros de corrida com coletor Weber e magneto Flamethrower foi mandado para lá.

Embora Shelby não pudesse imaginar, sua entrada em cena foi providencial para os Hurlocks. Eles vinham mantendo a pequena empresa em operação por três décadas graças à fabricação de outros produtos além dos nada lucrativos carros especiais. Entre esses itens, destacavam-se equipamentos ferroviários e de combate a incêndio, veículos especiais para deficientes e carrinhos de golfe. No começo da década de 1960, contudo, houve uma queda na procura por seus carros de fabricação artesanal, que eram um tanto caros. Os carros de produção em série, como Triumph, Austin-Healey e MG apresentavam agora uma série de vantagens, e a principal delas era o preço mais baixo. Além disso, o lançamento do Jaguar E-type, em 1961 — com o requinte característico da marca, velocidade estimada de 240 km/h e preço pouco superior a 2.000 libras —, abocanhando mais um segmento de mercado da AC, foi outro fator adverso.

No segundo semestre de 1961, após receber um aceno de Thames Ditton, Shelby pegou um avião e foi ao encontro dos Hurlocks na Inglaterra. Embora a fábrica fosse antiquada, com métodos de fabricação ultrapassados, ele percebeu que seria ideal para seu projeto. Seria muito mais simples fazer alterações na produção e modificar um carro feito à mão por trabalhadores especializados, como eram produzidos os modelos de corrida da década de 1950. O mais importante de tudo, porém, era que os custos de desenvolvimento seriam nulos se ele conseguisse que ambas, Ford e AC, participassem do projeto. Os Hurlocks, por sua vez, se impressionaram com o carismático texano vindo do outro lado do Atlântico, cheio de entusiasmo e ideias ousadas. Após aquela primeira reunião, decidiu-se fazer uma experiência com um Ace modificado, equipado com um dos mais recentes motores V8 de Henry Ford.

Logo após retornar do Reino Unido, Shelby pediu a Dave Evans que enviasse dois motores para a fábrica da AC, onde o engenheiro-chefe Alan Turner já havia começado a trabalhar no projeto. Como naquela época o motor V8 tinha uma cilindrada de 3.621 cm³, a fábrica denominou o carro Ace 3.6 no início, designação adotada também para os planos referentes ao projeto. No estágio de produção, quando se iniciou o registro histórico da série dos modelos de feixes de molas, o carro passou a se chamar AC Ace Cobra.

23

Charles Hurlock, com sua cigarrilha preferida entre os dedos, pensativo, debruçado sobre o protótipo semiacabado.

O sonho finalmente se concretiza

Quando os motores V8 chegaram dos Estados Unidos, logo se constatou que não seria difícil instalar o oito-cilindros no espaçoso compartimento do motor do Ace. Para isso, seria necessário apenas modificar os coxins, como havia sido feito antes com os três outros tipos de motor que foram utilizados no Ace. Além disso, uma travessa adicional, de 76 mm, foi acrescentada ao chassi, logo adiante do diferencial, e a torre da suspensão traseira foi redesenhada. Essas providências foram necessárias para permitir o reposicionamento dos freios e a colocação do diferencial Salisbury 4HU, que seria adotado, à semelhança do cupê Aceca. Em vez de ser instalado na torre de suspensão, como nos Aces, o diferencial era montado em separado em três pontos. Enquanto o Aceca tinha três coxins de borracha, um acima e dois abaixo, o novo carro tinha dois acima, sendo um de cada lado, e um sob o nariz, todos eles revestidos de borracha. O nariz era preso à travessa adicional por uma braçadeira. Essa engenhosa modificação do modo de montagem em relação ao do Aceca foi necessária para fazer frente ao aumento do torque — embora naquela época o pessoal na AC não tivesse uma ideia exata desse acréscimo de potência.

Até então, as articulações da suspensão traseira tanto do Ace como do Aceca eram feitas de chapa metálica, e passaram a ser feitas de ferro fundido. Dois eixos cardã mais robustos completavam a readequação inicial do chassi do Ace — isto é, sem contar mais algumas braçadeiras e extensões da nova travessa.

Os ajustes finais

A semelhança entre o Cobra e o restante linha da AC era tão grande que, em meados de fevereiro de 1962, o primeiro carro já havia sido testado e estava pronto para ser enviado aos Estados Unidos. No entanto, ao menos no que diz respeito ao Cobra, o motor de 3,6 litros já estava superado e foi removido junto com o câmbio, antes que o carro fosse levado para o aeroporto, em 20 de fevereiro. Um novo motor, de 4,2 litros, o aguardava do outro lado do Atlântico.

A retirada do motor antes do embarque não era necessária, mas isso foi feito para que houvesse ao menos dois motores e caixas de câmbio na fábrica como referência. Num acordo futuro com Shelby, todos os carros seriam despachados para os Estados Unidos sem esses componentes, que seriam produzidos e instalados lá mesmo. Além disso, ao executar a montagem final dos carros, a equipe de Shelby poderia personalizá-los e equipá-los com quaisquer opcionais que os compradores desejassem.

A história da chegada do carro aos Estados Unidos é conhecida. Assim que chegou àquele país, o Cobra foi levado do aeroporto para a oficina de Dean Morton. Ao cabo de algumas horas já estava pronto para ser levado a uma autoestrada, onde seria submetido a testes improvisados. Se a informação sobre o tempo de duração dessa operação estiver correta, isso significa que o processo foi conduzido com absoluta precisão. A maioria das fotos que vi desse episódio mostra jovens funcionários de Moon vestidos de camisetas brancas limpas, retirando a embalagem e removendo os emblemas da AC; as demais fotos são do mecânico de Moon, Roy Gammell, que preparou o V8. Os funcionários da fábrica da AC na Inglaterra foram os responsáveis pelo ajuste preciso do protótipo, o que facilitou a instalação do motor em um processo rápido, simples e sem problemas.

A construção do CSX2000 em Thames Ditton.

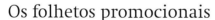

Os folhetos promocionais

Todo o material promocional produzido pela organização Shelby está reproduzido aqui. Naquela época, havia apenas um carro pronto (o CSX2000), embora, por motivos óbvios, isso tenha ficado em segredo. Esses primeiros catálogos davam uma ênfase maior à AC Cars do que os surgidos depois do lançamento do Cobra. Ainda não se sabia o que viria pela frente, portanto, era conveniente separar as coisas; além disso, Shelby ainda teria de se consolidar como fabricante. O texto mencionava e enaltecia o verdadeiro fabricante do carro, a pequena AC, equiparando-a à Ford Motor Company: "Consistindo na junção de dois projetos de engenharia testados e aprovados, baseados na experiência dos mais renomados fabricantes de automóveis de ambos os lados do Atlântico".

Ressaltando ainda mais as qualidades do novo carro, o catálogo fazia referências ao grande sucesso do AC Ace nas corridas do SCCA. Mas também mencionava que a "excelente" estabilidade do Ace havia melhorado "ainda mais com as modificações feitas por Shelby", e também que "a renomada fabricante AC Cars fabrica os chassis e carrocerias de acordo com as especificações de Shelby".

O único Cobra existente àquela época consistia em um chassi e carroceria Ace 2.6 modificados. As alterações no chassi não eram suficientes para aumentar a estabilidade, já que se resumiam, até então, a um reforço do diferencial e da suspensão traseira, além do redesenho da torre da suspensão e substituição dos freios a tambor convencionais externos do Ace por freios a disco internos.

A única mudança na carroceria havia sido feita no arco das rodas, aumentado para evitar que os pneus tocassem neles, como ocorreu quando se tentou utilizar pneus mais largos no Ace. Até os para-choques eram iguais aos dos primeiros Aces 2.6. Depois, esse modelo passou a utilizar os mesmos tipos de para-choques que viriam a ser de série do Cobra.

Dificilmente algum comprador potencial americano que folheasse um daqueles catálogos teria chegado a examinar bem um

A REALIZAÇÃO DE UM SONHO

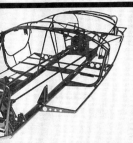

Racing, touring, everyday enjoyment of a thoroughbred car, they're all yours in the new Shelby AC/Cobra. Here is a true sports-touring automobile which can actually be raced, with every expectation of success, in its normal street trim.

Yet, in the city or cross-country, it remains a docile and extremely comfortable means of transportation.

The Shelby AC/Cobra achieves this often-promised-seldom-delivered ideal for one simple reason: It was designed that way. In no respect is it a compromise.

Representing the fusing of two tried and proven engineering programs and backed by the manufacturing experience of two of the most respected automotive firms on either side of the Atlantic, the Shelby AC/Cobra has a faultless background. It has an equally exciting future.

As stated by a seasoned editor of a top flight automotive publication ... the most impressive production sports cars we've ever driven. Its acceleration can only be described as explosive ... Handling is, as might be expected by those familiar with the AC, superb, and rendered even more so by the modification laid down by Shelby ..."

To become a remarkable automobile is not easy.

The basis for an impressive sports car must always be handling. The AC, which dominated 2-litre production racing for five years and often scored over cars with twice its displacement, was noted for its handling. The independent rear suspension design kept its power on the track. Light weight, good brakes, perfect balance enabled it to perform easily.

This design is the basis for the Shelby AC/Cobra.

The famed AC Car company builds chassis and body to Shelby specifications and continues its policy of superb quality first.

A big-tube frame, heavier drive line, disc brakes on all four wheels characterize the new car.

The new Ford 260 lightweight V8 engine furnishes its power. The result is a fantastic combination.

Weighing only 2,100 lbs., and urged on by 260 bhp, it is no wonder the acceleration is described as "explosive."

Top speed, depending on gearing, is, to quote SPORTS CAR GRAPHIC, "in the near neighborhood of 150 mph."

This is a respectable neighborhood!

The car is also being homologated with optional engine accessories resulting in a gain up to 330 bhp!

The advanced new Ford 260, with its reliable cast iron block, offers extreme long life and trouble free operation.

Parts availability is as near as your Ford dealer.

A four-speed, close-ratio gearbox of Ford design is coupled to the engine. A Salisbury rear end with a choice of several gear ratios completes the drive train.

Coachwork follows the AC tradition: all aluminum, hand crafted, is finished in lacquer especially selected to withstand the weather of this hemisphere.

Bucket seats, covered in genuine leather, and a full instrument panel with large, easy-to-read dials highlight the interior.

All road equipment is standard including folding top, all-weather side curtains and directional signals.

Radio, heater and defroster are extra-cost accessories.

Demand for this unique automobile is already beyond expectation. Production is limited.

Order your Shelby AC/Cobra now.

ROAD & TRACK ROAD TEST

DIMENSIONS
Wheelbase, in.	90.0
Tread, f and r	51.5/52.5
Over-all length, in.	151.5
width	61.0
height	49.0
equivalent vol., cu. ft.	262
Frontal area, sq. ft.	16.6
Ground clearance, in.	7.0
Steering ratio, o/a	n.a.
turns, lock to lock	2.0
turning circle, ft.	34
Hip room, front	2 x 16.5
Hip room, rear	
Pedal to seat back, max.	40.0
Floor to ground	10.5

CALCULATED DATA
Lb/hp (test wt)	9.6
Cu. ft./ton mile	175.2
Mph/1000 rpm (4th)	21.8
Engine revs/mile	2745
Piston travel, ft./mile	1315
Rpm @ 2500 ft./min.	5230
equivalent mph	114.3
R&T wear index	36.1

SPECIFICATIONS
List price	$5995
Curb weight, lb.	2020
Test weight	2355
distribution, %	48/52
Tire size	6.70x15
Brake swept area	580 (est)
Engine type	V-8, ohv
Bore & stroke	3.80 x 2.87
Displacement, cc	4261
cu. in.	260
Compression ratio	9.2
Bhp @ rpm	260 @ 5800
equivalent mph	127
Torque, lb-ft	269 @ 4500
equivalent mph	98

GEAR RATIOS
4th (1.00)	3.54
3rd (1.41)	4.99
2nd (1.78)	6.30
1st (2.36)	8.36

SPEEDOMETER ERROR
30 mph	actual,
60 mph	
(no speedo in test car)	

PERFORMANCE
Top speed (7000), mph	153
best timed run	—
3rd (7200)	112
2nd (7200)	89
1st (7200)	67

FUEL CONSUMPTION
Normal range, mpg	n.a.

ACCELERATION
0-30 mph, sec.	1.8
0-40	2.5
0-50	3.3
0-60	4.2
0-70	5.4
0-80	6.8
0-100	10.8
Standing 1/4 mile	13.8
speed at end	112

TAPLEY DATA
4th, lb/ton @ mph	off @ scale
3rd	off @ scale
2nd	off @ scale
Total drag at 60 mph, lb.	115

CARROLL SHELBY, 10820 South Norwalk Blvd., Santa Fe Springs, Calif., OXbow 8-9733

---

chassi e carroceria de AC desmontados, e talvez nem mesmo Shelby o tenha feito. Seja como for, o chassi mostrado na página principal era o de um Ace 2.6 de série — e de direção na direita.

O "grande chassi tubular" mencionado, com 76 mm de diâmetro, não era maior que o dos primeiros Aces de série produzidos em 1954. É verdade que a espessura da parede dos tubos, de bitola 13, era superior à dos chassis de AC e Aces com motor Bristol, de bitola 14, mas os Acecas já haviam sido contemplados com esse acréscimo, na década de 1950, e desde então os chassis dos Aces passaram a ser fabricados com tubos dessa mesma bitola.

A fotografia do primeiro Cobra em processo de produção foi tirada, como não poderia deixar de ser, em Thames Ditton. Atrás do carro semiacabado, há uma fileira de veículos de outro tipo fabricados pela empresa, os carrinhos de golfe AC BagBoy. Talvez este fosse um acessório ideal para os proprietários de Cobra praticantes de golfe, embora, ao que eu saiba, nem a AC nem Shelby o tenham oferecido aos compradores dos carros.

Os Cobras recebiam pintura antes de serem despachados da Inglaterra, mas este primeiro carro foi embarcado com a carroceria de alumínio sem acabamento externo. Quando as fotografias para este folheto promocional foram feitas, o carro já havia sido pintado, na cor amarelo perolizado, e recebido a primeira versão do emblema do Cobra.

Ao chegar da Inglaterra, o carro ostentava emblemas da AC na frente e na traseira, mas Shelby, que pretendia relacionar seu nome ao carro logo, mandou retirá-los. No começo, o nome "Shelby" foi pintado sobre o bico do capô, de maneira um tanto improvisada. O carro foi utilizado assim mesmo pelo editor da revista Sports Car Graphic em um primeiro teste improvisado, e assim foi também fotografado, antes de ser pintado e receber o novo emblema.

Depois de algum tempo, os resultados do teste da Road and Track aqui mostrados passaram a ser questionados, e devo admitir que eles não eram realistas. No entanto, tratando-se de uma publicação de renome, os números devem ser mantidos — exagerados ou não. A moça da capa, a propósito, é a secretária de Carroll Shelby.

O primeiro emblema do Cobra

Quando foi enviado para os Estados Unidos, o primeiro Cobra tinha emblemas da AC na frente e na traseira, e os remetentes não imaginavam que eles seriam substituídos quando o carro chegasse ao destino. Como Shelby não queria que o carro tivesse somente o emblema da AC, e considerando que o Ace-Bristol tinha um emblema próprio, é de estranhar que ele e os Hurlocks não houvessem criado um em especial para o Cobra. No entanto, Shelby decidiu providenciar por conta própria um emblema cujo desenho parecia obra de amadores. Feita de alumínio fundido, a peça foi no início utilizada em substituição aos emblemas da AC que ficavam no capô e na tampa dos porta-malas dos primeiros carros embarcados, e continuou sendo utilizada, até o Cobra de chassi número CSX2054, à exceção do carro com direção na direita que a AC manteve para demonstrações e exibiu no Salão de Earls Court. A questão do emblema poderia ter causado problemas entre a AC e Shelby, pois havia um acordo tácito entre eles para que o emblema da AC fosse mantido. A questão foi contornada com a inclusão do logotipo da AC, embora diminuto, no centro daquela peça de aparência um tanto caseira. Além disso, tenho certeza de que os Hurlocks sabiam muito bem que tinham um ótimo contrato em mãos e não iriam pôr tudo a perder.

O início da produção

Terminada a produção do protótipo do Cobra, a fábrica de Thames Ditton entrou em compasso de espera, até que se soubesse qual havia sido a aceitação do carro nos Estados Unidos. Após a decisão de produzir o modelo, foi necessário fazer algumas modificações, em especial porque o freio não seria mais reposicionado no lado interno. Com isso, foi possível melhorar a integridade da estrutura da torre de suspensão traseira, que não teria mais de ser arqueada para fora a fim de dar espaço para os discos de freio. Resumindo, não seria mais necessário modificar os carros de série e, assim, começaram os preparativos para a produção das primeiras unidades do contrato inicial.

A fabricação do chassi

O processo da fabricação do chassi do Cobra não era muito diferente daquele que o pessoal da linha de montagem conhecia havia dez anos; portanto, não seria necessário aprender novas técnicas. As chapas e os tubos de aço eram cortados nos tamanhos e comprimentos definidos para cada tipo de componente, inclusive os tubos de 76 mm que formavam as longarinas e travessas dos chassis. Tudo era cortado no tamanho exato antes de ser levado para a área de montagem do chassi.

A fábrica havia criado um gabarito bastante simples para a fabricação dos chassis tipo Tojeiro. A primeira etapa de produção consistia em prender as duas longarinas ao gabarito, observando-se uma distância de 431 mm entre o centro de cada uma, antes da soldagem das travessas. Enquanto isso, outros funcionários soldavam as torres das suspensões dianteira e traseira, formadas de chapas de aço, previamente cortadas e furadas.

Depois de concluída a estrutura principal, os dois conjuntos da base da suspensão eram posicionados com a ajuda de um gabarito e soldados em ambas as extremidades. Para a união da maior parte dos componentes principais, usava-se solda elétrica de arco, ou "vareta". Em seguida, procedia-se à fixação dos braços triangulares da suspensão, e de outras presilhas e elementos de fixação do motor. Todos esses itens eram pré-fabricados pelo mesmo processo utilizado na produção das torres de suspensão. Em uma etapa anterior, ajustavam-se esses componentes de forma separada, para então uni-los com solda elétrica. Por fim, soldavam as tampas de proteção do chassi à extremidade dos tubos principais.

Até o chassi número CSX2125, usou-se a mesma torre da suspensão dianteira do Ace 2.6, mas desse número em diante, quando foi adotado o sistema de direção de pinhão e cremalheira, houve algumas mudanças importantes. O suporte da coluna de direção, soldado na parte da frente da torre, tornou-se desnecessário; em seu lugar, dois suportes para a cremalheira eram soldados de cada lado da parte dianteira da torre, que, além disso, foi bastante reforçada,

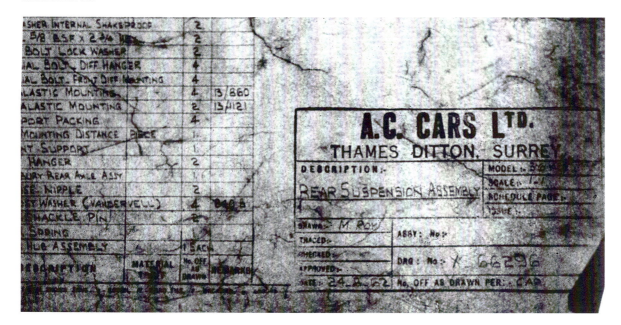

A data deste diagrama mostra que a decisão de reposicionar os freios na parte interna do chassi havia sido tomada antes dos testes do protótipo nos Estados Unidos. Este desenho refeito da suspensão traseira é de 24 de fevereiro, mas a denominação do modelo ainda era Ace 3.6.

A REALIZAÇÃO DE UM SONHO

passando a ser formada por uma placa inteiriça, sem os grandes furos que havia antes, como nos Aces e nos Cobras de até então. A posição dos suportes dos braços triangulares também foi modificada. Presos à parte superior dos tubos principais do chassi, depois da modificação do desenho da suspensão dianteira, com a adoção do sistema de direção de pinhão e cremalheira, passaram a ser fixados abaixo e na parte externa em relação à posição anterior.

Em seguida, em outro local daquela seção da fábrica, o conjunto recebia as partes da carroceria, feitas quase todas de tubos de aço de 19 mm. Tubos de seção maior, de 38 mm, eram utilizados para a formação do arco do painel, e de 25 mm no trecho sob a plataforma traseira adiante da torre da suspensão dianteira. Tubos de seção quadrada formavam a base do tanque de combustível e o porta-malas. Este (e todos os suportes, soquetes e chapas de fixação das dobradiças, para-brisa, estrutura do porta-malas, ventilador elétrico e outros componentes) era confeccionado com o uso de gabaritos. Mais complexo, esse processo de fabricação envolvia vários tipos de estruturas de fabricação especial, presilhas e outras ferramentas. Nesta etapa, utilizava-se solda de maçarico.

Depois de completo, colocava-se o conjunto acabado de chassi e carroceria sobre um pequeno carrinho, apoiado nas laterais de modo precário, no qual era levado para uma área separada, onde recebia uma pintura preta de base.

Esses materiais modernos...

Havia um canto da fábrica reservado à produção de caixas de estepe e apoios de pés, moldados com plástico branco reforçado com fibra de vidro.

Linha de montagem

Neste estágio de produção do Cobra, a pequena e antiquada fábrica utilizava algumas técnicas de produção mais modernas, que já haviam sido adotadas muitos anos antes por seu fornecedor de motores daquela época. Na verdade, o sistema se parecia com uma pequena ferrovia, com os conjuntos de chassi/carroceria recém-pintados sendo conduzidos ao longo de trilhos enquanto iam recebendo componentes. No processo, eram instalados as molas, a suspensão, o diferencial e o sistema de freios. Em seguida, vinham os apoios de pés e a partes internas dos para-lamas (ou laterais

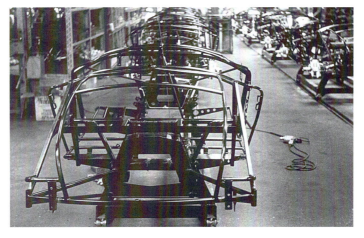

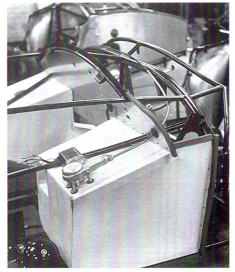

do porta-malas), de chapa de alumínio. Alguns dos equipamentos que não eram instalados durante aquele trajeto, como o motor do limpador de para-brisa, eram acrescentados em seguida, quando o Cobra recebia rodas provisórias.

Fotografias do chassi para o manual

Uma vez ou outra, um dos chassis era colocado sobre folhas de cartolina branca para simples registros fotográficos, e também para ilustrar o manual do proprietário. Este é um dos primeiros carros (CSX2063) com sistema de direção setor e sem-fim. O volante não poderia ser mais inadequado. Os Cobras nunca tiveram pneus Pirelli Cinturato originais de fábrica.

A REALIZAÇÃO DE UM SONHO

Processos tradicionais

Nesta etapa, os chassis estavam prontos para serem levados para os fabricantes de carrocerias. Como este método era o mesmo utilizado no Ace, e os procedimentos, quase idênticos, a AC não considerou necessário mudá-lo. Havia várias empresas subcontratadas, como a Shapecraft, de Surbiton, e a Bronlow Sheet Metal, de Edgware. Para esse trabalho, utilizavam fôrmas de madeira, e as empresas tinham um molde padrão.

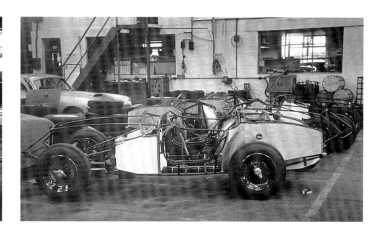

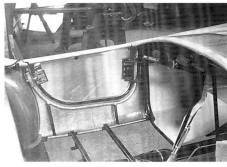

Pintura

Depois de prontas, as carrocerias voltavam para a fábrica da AC, para serem preparadas e pintadas. Após a secagem da tinta, eram instalados a fiação e outros componentes, como o tanque de combustível. Em seguida, vinha o acabamento.

Fôrmas de madeira para a fabricação da carroceria do Cobra com feixes de molas. Ao fundo, aparece uma velha fôrma descartada, usada na fabricação do Ace.

31

Feito para as corridas

Cinco meses depois, em 19 de julho de 1962, a fábrica de Thames Ditton concluiu a fabricação do segundo carro. A partir de então, os Cobras passaram a ser entregues pintados, e este, vermelho com interior preto, foi despachado de avião para Nova York, onde seria finalizado pela European Cars, em Pittsburgh. Essa empresa pertencia a Ed Hugus, que havia se tornado distribuidor de Shelby para a costa leste. Ed, um piloto de corridas bem conhecido, participou de várias corridas em Le Mans ao volante de carros como Porsche e Ferrari. Seu melhor desempenho foi com este último, com o qual se classificou duas vezes em sétimo lugar. Este foi o primeiro de um lote inicial de carros enviados para Hugus. Já que aquele era o primeiro Cobra a ser posto à venda, era muito justo que fosse adquirido pelo dr. Richard Milo, cujas façanhas com os Ace-Bristols em Sebring já eram conhecidas.

A longa espera e a primeira corrida

Cinco dias depois, o CSX2002, também vermelho, foi entregue no aeroporto de Heathrow, de onde seria enviado para Los Angeles. Shelby nunca escondeu o desejo de pilotar seu carro, e este viria a ser o primeiro dos Shelby American Cobras de corrida.

Nessa época, as instalações de montagem do Cobra nos Estados Unidos já haviam sido transferidas para o prédio da velha fábrica de carros de corrida Scarab, de Lance Reventlow, em 1042 Princeton Drive, em Venice, na Califórnia. A empresa tinha sido fechada por ordem do US Internal Revenue Service, órgão equivalente à Receita Federal, que não admitia que Reventlow a mantivesse em atividade sofrendo prejuízos constantes. Se tivesse havido tempo suficiente para desenvolvê-los melhor, os belos e bem projetados carros de corrida Scarab poderiam ter sido um sucesso. A empresa tinha um engenheiro de desenvolvimento muito talentoso, Phil Remington, que passou a trabalhar para Carroll Shelby. O jovem Pete Brock, que até então havia sido instrutor da Escola de Pilotagem de Carroll Shelby, também foi convocado para trabalhar nas instalações de montagem do Cobra.

No começo, as adaptações do Cobra para competições se restringiram ao mínimo possível. O para-brisa original foi substituído por um modelo pequeno de competição e foi instalada uma barra de proteção, esta uma exigência do SCCA. Os freios e o radiador ganharam aberturas de refrigeração. O capô recebeu modificação

O CSX2002, o primeiro carro produzido para a equipe de Shelby.

para permitir a entrada de ar no compartimento do motor através de uma pequena abertura central e cinco fendas, localizadas mais atrás.

O motor também sofreu poucas alterações. Bastou aumentar a taxa de compressão e substituir a bobina de ignição de série por um magneto Spalding Flamethrower. Além disso, o filtro de ar foi retirado, uma medida de praxe quando se prepara um carro para competições.

Pete Brock havia testado muito o carro nas pistas e deve ter ficado desapontado por não ter tido a oportunidade de pilotá-lo na primeira corrida. Esta seria uma prova de resistência de três horas, anterior ao Grande Prêmio *Los Angeles Times* de carros esporte em Riverside, em 23 de outubro de 1962. Shelby escolheu Billy Krause para pilotá-lo.

A rigor, pelo regulamento do SCCA, o carro não poderia participar da prova porque ainda estava em início de produção, com poucas unidades fabricadas, mas a Chevrolet também pretendia inscrever seu novo Corvette Sting Ray, e ambos os carros acabaram sendo autorizados a participar da corrida sob a condição de não competirem no campeonato.

Depois uma largada não muito boa, Krause conseguiu alcançar os vários Corvettes que estavam na dianteira, deixando-os para trás. Uma hora depois do começo da prova, ele estava com mais de um quilômetro e meio de vantagem, e a vitória parecia estar assegurada. Mas isso era bom demais para ser verdade. Logo depois o carro perdeu a roda traseira, o disco de freio e a porca-borboleta, quando o cubo se partiu. Mesmo tendo visto o Cobra sem uma das

AC COBRA

O primeiro Cobra (CSX2000) era o único com saia traseira de altura igual à do Ace. As saias dos modelos seguintes ficaram mais compridas, com a tampa do porta-malas menor. As presilhas elásticas de segurança adicionais ao fecho do porta-malas haviam sido adotadas há pouco tempo. Quando correu pela primeira vez, este carro tinha rodas raiadas, substituídas na temporada de 1963 por modelos Halibrand com furos oblongos.

rodas sendo levado numa carreta, o pessoal das equipes de Corvette ficou preocupado. O obstinado Phil Remington estava acostumado a resolver problemas como aquele, e logo modificou o desenho da peça defeituosa.

Em seguida, o CSX2002 participou de uma corrida anual nas Bahamas. Embora não fosse um campeonato, havia muitos participantes estrangeiros, e até alguns grandes pilotos. Como não havia necessidade de se preocupar com detalhes como hospedagem, inscrições e transporte, quem estivesse disposto a submeter seu carro às agruras da péssima pista do antigo aeroporto de Oakes, onde a corrida se realizava, poderia apreciar uma agradável e ensolarada temporada de inverno "gratuita".

No barco que os levou ao local, havia dois outros Cobras: o CSX2009, preparado pela Holman-Moody para a Ford, e o CSX2011, que era o primeiro Cobra de corrida particular, de propriedade de John Everly.

Na corrida inicial de GT, Billy Krause, que corria com o carro de fábrica, teve de abandonar a prova devido a um problema no sistema de direção.

No último evento da semana, uma corrida mista de protótipos e GTs, a equipe decidiu competir apenas com o carro de Krause. Don Pike, um dos primeiros mecânicos de corrida da equipe, havia se concentrado na preparação do carro, que se mostrara o mais rápido dos Cobras. Mais uma vez, ele se revelou tão veloz quanto os outros GTs e chegou até a alcançar alguns protótipos de Ferrari quando, cerca de uma hora após uma parada para reabastecimento, o combustível se esgotou. Shelby, que havia se encarregado do reabastecimento, reconheceu depois que, com a pressa, é provável que uma bolha de ar tenha impedido o abastecimento completo de um dos tanques acoplados.

No início de 1963, a Shelby American achou que estava pronta para participar dos eventos da Fédération Nationale de l'Automobile realizados nos Estados Unidos, e começou inscrevendo três carros na prova Daytona Continental, em fevereiro. Era a primeira vez que Dan Gurney corria para a Shelby, e teria a companhia de Dave MacDonald, que havia substituído Billy Krause na equipe, quando este foi para a Chevrolet, e de Skip Hudson.

Naquela época, as corridas desta classe eram dominadas pelos invencíveis Ferrari GTO, e Skip Hudson surpreendeu ao ultrapassar o líder Pedro Rodrigues, que pilotava um GTO. Depois disso, Rodriguez e ele se alternaram na liderança, até que o volante do Cobra se despedaçou, atingindo ou pé dele, entortando a coluna de direção e provocando um acidente.

Dan Gurney, ao volante do CSX2002, que agora tinha as fendas e a abertura do capô maiores, além de rodas com furos oblongos e liga leve no lugar das raiadas de série, havia ficado para trás devido a uma troca de motor de última hora. Depois, quando conseguiu recuperar terreno e estava prestes a alcançar os líderes, o sistema de ignição do Cobra sofreu uma pane, obrigando-o a abandonar a prova.

O único a terminar a primeira corrida da FIA da qual a equipe participava foi MacDonald, que se classificou em quarto lugar, atrás de Rodriguez e Penske em seus GTO, e de Thompson, com um Corvette. O motor do carro de Gurney foi trocado porque a Ford havia produzido novos motores de corrida com bloco de alumínio e pediu a Shelby para testá-los em situações de corrida. Os motores operavam com uma folga excessiva nas hastes dos cilindros, e havia receios em relação à pressão e ao consumo excessivo de óleo. No entanto, depois que um deles foi instalado no 2002 e mostrou um excelente desempenho em Daytona, percebeu-se que os temores eram infundados. Entretanto, o respiro, que é preso por pressão na maioria dos motores, se dilatava de forma mais lenta que o bloco de alumínio, soltando-se durante a corrida, quando a temperatura do motor aumentava. Com isso, a Ford percebeu que teria de utilizar respiros com rosca nos motores de corrida com bloco de alumínio. Um desses motores de alumínio de 4,2 litros, numa versão com cilindrada um pouco menor, foi utilizado no Lotus que se classificou em segundo lugar naquele mesmo ano, na corrida Indianápolis 500. A propósito, os problemas de Hudson foram causados pela quebra do amortecedor do virabrequim, o que desencadeou uma onda de vibrações de intensidade suficiente para destruir o volante. A Ford então desenvolveu um amortecedor diferente daquele que havia se rompido, que era de ferro fundido — um novo amortecedor mais robusto e envolto por um anel de aço. O mês de março foi de intensa atividade para o CSX2002, quando o veterano Ken Miles, que havia começado a pilotar Cobras naquele ano, se classificou em segundo lugar na prova SCCA Nationals, realizada no Dodger Stadium; depois disso Dave MacDonald levou o carro à sua primeira vitória, em Tucson, durante outra prova do SCCA.

Aquele Cobra foi um dos cinco inscritos pela fábrica na corrida de Sebring, dois dos quais eram novos, com sistema de direção

Além de proteger contra respingos durante o reabastecimento, esta barreira tinha também a função de evitar que o fluxo de ar à alta velocidade causasse derramamento de combustível ao passar sobre o bocal do tanque.

Havia cinco aberturas na parte traseira do capô, além da entrada de ar central, mas o carro foi modificado para Sebring. As travas de capô com alças em T removíveis não eram práticas e foram substituídas por peças externas. Esta presilha central era uma medida de precaução extra, adotada em apenas alguns dos primeiros modelos de corrida.

A porta do motorista de alguns Cobras de corrida tinha formato diferente, com mais espaço para os braços. O banco do motorista original foi substituído por um modelo de competição, mais leve.

de pinhão e cremalheira. Miles largou com o 2002, que havia recebido o número 16, mas acabou tendo de trocar de carro após surgirem defeitos — primeiro no sistema de direção; depois, no motor de arranque —, chegando em 11º lugar.

Naquela época, problemas com o motor de arranque dos Cobras de corrida ocorriam com frequência, e não eram raras as ocasiões em que o piloto parava no boxe para reabastecimento ou troca de pneus e não conseguia dar a partida no carro para retomar a corrida. O problema era causado por pedaços de pavimento que, às vezes, se desprendiam quando este era submetido ao esforço extra das corridas. Em pouco tempo, os mecânicos de Shelby apresentaram uma solução, levando a Ford a fazer algumas modificações no componente, daí em diante incorporadas à produção.

Durante a corrida, descobriu-se que os parafusos de fixação da cremalheira da direção ao chassi dos novos carros não eram resistentes o suficiente. O defeito deu um susto no piloto de um dos carros, que escapou de um acidente por pura sorte, o que evidenciou a necessidade de modificá-los.

Em abril, Ken Miles participou de mais uma prova com o carro, numa SCCA Regional, realizada em Delmar, classificando-se em segundo lugar. Depois disso, o carro foi vendido à equipe Comstock Racing, do Canadá, que obteve duas vitórias com ele em Mosport.

O primeiro teste de rua

Logo que foi concluído, antes mesmo de ter sido pintado, Shelby entregou o protótipo a John Christy, editor da revista *Sports Car Graphic*. Carroll era consultor daquela publicação, e os dois tinham um estreito relacionamento profissional; portanto, era natural que o carro fosse apresentado por ela. Christy, autor do texto da reportagem, ficou impressionado e contou que saiu entusiasmado à procura de Corvettes, considerados os carros mais temíveis em disputas de rua, mas não encontrou ninguém que aceitasse o desafio. Depois, a *Sports Car Graphic* publicou o primeiro teste de rua, em agosto de 1962.

Os resultados deste teste foram obtidos com uma quinta roda e devem estar corretos, embora eu os ache incríveis. Este desenho em corte foi publicado na mesma revista; se o arranjo de carburação ilustrado for o mesmo do carro de teste, justifica os resultados, embora o modelo fotografado tivesse um carburador quádruplo e filtro de ar. Este desenho é bastante fiel, mas os freios estão em posição externa, como os dos carros de série, porém sem a alteração da torre de suspensão.

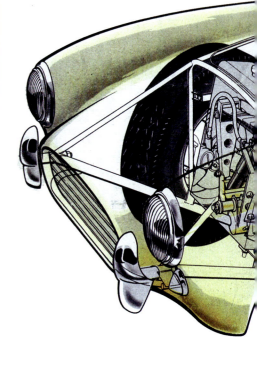

FEITO PARA AS CORRIDAS

De AC Cobra a Shelby Cobra

Alguns dos primeiros carros produzidos, em julho de 1962, foram despachados de avião para os Estados Unidos, mas logo depois o transporte passou a ser feito por navios, até o final de 1966, quando a exportação se encerrou.

Do primeiro contrato de cem carros, 26 seguiram para Nova York, onde foram finalizados pela distribuidora European Cars de Ed Hugus, ou pela Tasca Ford, para o mercado da costa leste. O restante seguiu para as oficinas da Shelby, em Los Angeles, que haviam sido transferidas para Princeton Drive, em Venice. As novas instalações, além de muito mais amplas, eram mais próximas do aeroporto de Los Angeles.

Aos poucos a logística foi se organizando, embora nem tanto em comparação à dos

Um dos primeiros catálogos promocionais ainda mencionando a AC.

Este folheto não cita a AC.

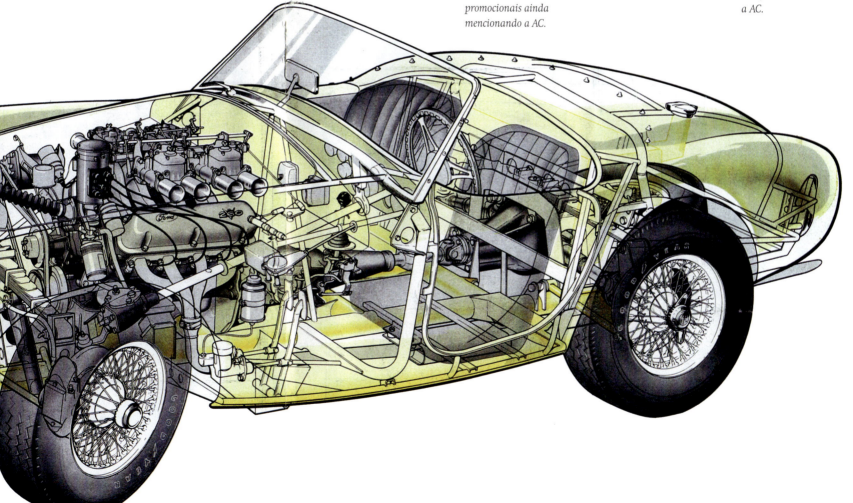

AC COBRA

grandes fabricantes. Os carros saíam da fábrica da AC, às vezes em lotes de quatro, e iam para o porto. A forma como eram de preparados para o transporte variava, mas no caso dos modelos com suspensão de feixes de molas, o para-brisa era envolvido em uma embalagem protetora e colocado no interior da cabine de passageiros, com a capota e as janelas laterais. As partes cromadas recebiam aplicação de Cosmalene® (uma resina anticorrosiva); a tampa do receptáculo era encaixada no lugar, e as informações com os dados do destinatário seguiam afixadas no bico do capô.

Ao chegar, depois de liberados pela alfândega, os carros, à exceção dos que chegavam à costa leste, eram levados para a Shelby.

Antes de qualquer coisa, retirava-se o capô, que ficava pendurado em um gancho, para facilitar o acesso ao compartimento do motor. Em seguida, realizava-se uma série de pequenas tarefas, como a instalação do solenoide do motor de partida, do para-brisa, e a verificação das posições dos controles, do circuito hidráulico e da linha de combustível. Ao mesmo tempo, eram feitas as pequenas modificações ou acréscimos necessários. Com a evolução do processo de produção, algumas dessas alterações passaram a ser feitas na Inglaterra, durante a montagem inicial.

A fábrica inglesa também facilitava a instalação do conjunto motor/caixa de câmbio, dos demais componentes e da fiação, orientando a montagem final. Os motores eram entregues embalados em caixotes, com o dínamo, motor de partida e outros componentes separados, para montagem na fábrica da Shelby. Embora fizessem parte de um lote especial da série de 4,2 litros produzidos pela Ford dentro de sua nova concepção de desempenho, os motores não tinham nenhuma característica externa especial e pareciam de série. No entanto, a Ford substituiu os tuchos hidráulicos do motor Fairlane de série, que passaram a ser inteiriços. Segundo o departamento de marketing, o novo eixo de comando de válvulas e pistões de maior compressão combinados a dutos de admissão e escapamento maiores aumentariam a potência para cerca de 260 cv a 6.000 rpm.

Isso, no entanto, era um pouco de exagero. Mesmo assim, os pilotos de testes e o público consideraram o carro muito rápido.

Antes da instalação do motor, um ventilador (equipamento de série do Ford Falcon de seis cilindros) era aparafusado à polia da bomba de água. Embora a AC já equipasse o Cobra com um ventilador elétrico de fábrica para o radiador, o ventilador mecânico tinha a finalidade de assegurar o perfeito resfriamento do motor. Os proprietários eram informados de que poderiam retirá-lo depois de cerca de 8.000 km a fim de obter um pequeno ganho de potência, mas tenho certeza de que a maioria deles considerava isso desnecessário.

No início, o carro utilizava uma caixa de câmbio comum Ford ou Borg-Warner de quatro velocidades com carcaça de ferro, logo depois substituída por uma Borg-Warner

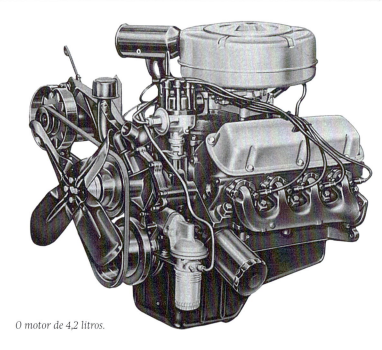

O motor de 4,2 litros.

Os componentes utilizados na transformação do Cobra em Shelby Cobra eram fornecidos por várias firmas diferentes.

O kit de preparo de motor do Shelby.

com carcaça de alumínio. Este modelo, conhecido como T10, era fornecido com uma variedade de conjuntos de engrenagens e relações. A mais comum era a relação longa L, porém, depois, a relação M (ou Sebring) passou a ser oferecida, em consequência do seu uso em corridas. Esta versão apresentava um intervalo menor entre a terceira e a quarta marcha, uma configuração típica de corridas. Havia ainda a relação K, fabricada com componentes GM, que tinha de ser utilizada com um disco de embreagem da mesma marca.

Aos poucos a Shelby desenvolveu um conjunto de acessórios para o Cobra, mas no começo a personalização se resumia à instalação de um filtro de ar cromado.

Como era Shelby quem decidia as coisas naquela região, os carros utilizavam pneus Goodyear. O tipo exato variava conforme o carro, mas, em geral, a maioria dos modelos com motor de 4,2 litros oriunda de Princeton Drive era equipada com pneus de corrida 6.00 ou 6.40-15 pol. Goodyear Blue Streaks, Motor Raceway ou T4.

Terminado o processo de montagem, removia-se a película protetora aplicada pela fábrica na Inglaterra às partes cromadas, seguindo-se uma inspeção visual completa da parte externa do carro, quando se verificava também a fixação da capota e dos vidros laterais. Logo se notou que o manuseio durante as operações de carga e descarga havia causado danos à carroceria de vários carros, o que demandou retoques na pintura; em alguns casos foi também necessário reparar pontos da lataria amassados. Quando o dano era grande, o melhor a fazer era pintar de novo o carro inteiro. Felizmente, os cem primeiros Cobras haviam sido fabricados em apenas três cores diferentes: vermelho, branco e preto.

Antes de serem entregues aos clientes ou concessionários, os carros eram submetidos a testes estacionários e de percurso, entre 48 e 64 km, após os quais recebiam os eventuais ajustes necessários.

Depois, surgiram alguns problemas com os carros, um dos quais era a refrigeração insuficiente do motor. O primeiro carro despachado da Inglaterra tinha o mesmo radiador do Ace 2.6 fabricado pela Delaney Gallay. Os testes realizados não detectaram que sua capacidade de refrigeração era insuficiente, e o equipamento foi mantido, apesar do aumento de cilindrada superior a 50%. No entanto, quando os carros começaram a ser utilizados em regiões muito quentes dos Estados Unidos, essa deficiência ficou clara. Após testar alguns modelos de radiadores de fabricação norte-americana, a Shelby considerou mais adequado o Harrison utilizado nos Chevrolet Corvettes, de fluxo horizontal, com o corpo e a tampa do tanque de alumínio. No começo não houve problemas, mas esses radiadores apresentavam com frequência uma baixa durabilidade, em especial nas regiões de água com altos teores de minerais. Para solucionar o problema, a Ford encomendou à McCord Radiator Company um modelo de fluxo horizontal com colmeia de latão e cobre e tanque separado, produzido para o Cobra, que passou a ser utilizado em todos os carros com feixes de molas.

Os Salões de Paris e Londres

Em vez de ser despachado para os Estados Unidos sem o motor, o carro com o chassi CSX2025 foi todo montado na fábrica da AC para ser levado ao Salão de Paris, onde foi apresentado à imprensa, no segundo semestre de 1962.

Em sua edição de 5 de outubro de 1962, a *Autocar* descreveu o novo modelo, que ainda não estava disponível nos mercados do Reino Unido e da Europa. A revista citou dados de desempenho de um teste realizado pela americana *Road and Track*, e informou que uma travessa extra havia sido incorporada ao chassi básico do 2.6; além disso, mencionou os tubos de seção mais espessa, talvez para deixar claro que o emprego de um motor de maior cilindrada, embora mais leve, não comprometeria o chassi.

O texto dessa breve descrição era ilustrado por três fotos muito interessantes. Os para-choques foram padronizados para todos os Cobras de rua, e a tampa do tanque de combustível foi reposicionada no centro da parte traseira. No entanto, ainda não havia as aberturas laterais auxiliares de

O CSX2025 no Salão de Paris de 1962.

AC COBRA

O motor 4,7 "Hipo" na versão mais utilizada nos Cobras de rua, com o kit de preparo.

refrigeração do compartimento do motor. O radiador do tipo utilizado no Ace 2.6 foi substituído pelo novo modelo adotado para os Cobras. Como havia sido produzido e montado em Thames Ditton, o carro não tinha os itens que, em geral, eram acrescentados pela Shelby, entre os quais o filtro de ar cromado. O conta-giros era da marca Smiths, e o volante, como no caso dos primeiros Cobras, igual ao modelo oferecido como opcional nos Aces.

Enquanto isso, a pequena fábrica de Thames Ditton se empenhava em preparar um modelo com direção na direita para ser exposto no estande da AC no Salão de Earls Court. A AC não conseguiu aprontar o carro para a apresentação à imprensa (na véspera da abertura do Salão ao público), mas o modelo, de cor vermelha, permaneceu exposto em seu estande durante o restante do salão. A numeração do chassi dos carros produzidos para a Shelby seguia uma sequência, iniciando-se em CSX2000, mas esse carro foi o primeiro de poucos a receber um prefixo CS, designado CS2030. Este, que foi o primeiro Cobra com direção na direita, a fábrica utilizou depois como carro de demonstração.

O 4,7-litros, um motor maior

Depois de produzidas 75 unidades, decidiu-se que os demais carros daquele contrato seriam equipados com uma nova versão do motor Ford de 4,2 litros até então utilizado, que passou a ter 4,7 litros, com o diâmetro aumentado para 101 mm.

A Ford havia desenvolvido uma versão High Performance deste novo motor, que seria fornecido à Shelby para equipar os Cobras. Havia vários aprimoramentos em relação ao 4,2 litros, e até mesmo em comparação ao 4,7 litros de série, utilizado em alguns carros comuns da Ford, de sedãs a picapes. O Hipo, como passou a ser chamado, tinha um virabrequim mais robusto, feito com um tipo de aço de especificação superior, além de capas dos mancais principais reforçadas e parafusos de biela com maior diâmetro. A árvore de comando de válvulas, as válvulas e suas molas foram também aprimoradas, e, embora os tuchos do 4,7 litros de série fossem hidráulicos, esta outra versão utilizava varetas. Outra característica diferente do 4,7-litros Hipo eram os eixos do balancim aparafusados ao cabeçote, enquanto nas versões comuns do 4,2-litros e do 4,7-litros eles eram encaixados por pressão. Este motor, que tinha potência nominal de 271 cv, passou a equipar todos os Cobras de feixes de molas e foi utilizado também em outros carros especiais da Ford, como o Mustang Shelby.

Novo contrato: sistema de direção aprimorado

Com o processo de montagem do Cobra manual, os carros nem sempre eram produzidos e concluídos em ordem sequencial. Assim, o último carro do primeiro contrato (CSX2099) saiu da fábrica alguns dias após os dois primeiros carros pertencentes ao segundo contrato, concluídos em 18 de março de 1963. No começo, não houve grandes mudanças nas especificações, exceto uma maior variedade de opções de cores. As cores verde Vineyard, prateado, vermelho Svecia, Rouge Irise, azul Metaline, azul Bright e azul Princess foram acrescentadas às três cores básicas iniciais quando o volume de produção aumentou. Nas corridas internacionais de 1964, a Shelby escolheu a cor azul Princess para seus carros da equipe de competições. Nos Estados Unidos, essa cor ficou conhecida como azul Viking, talvez porque o nome azul Princess não fosse considerado másculo o suficiente.

O sistema de direção de pinhão e cremalheira, a mais importante modificação básica feita nas especificações do chassi enquanto o modelo com feixes de molas esteve em produção, só foi adotado a partir do carro de chassi número CSX2126. Pensando bem, é estranho que o Cobra não tivesse sido equipado com esse sistema desde o começo, considerando que ele já havia sido utilizado no primeiro protótipo do Ace, dez anos antes. Isso pode ter ocorrido porque Carroll Shelby talvez não considerasse o sistema de direção tradicional antiquado ou inferior, pois era usado em todos os carros americanos e nos modelos ingleses e italianos que ele havia pilotado. Ele não teria se dado conta das suas vantagens, e a AC tampouco havia sugerido sua utilização.

A resistência da fábrica a adotar o sistema de pinhão e cremalheira pode ter sido originada por problemas que ela talvez tenha tido com a geometria desse sistema quando produziu o primeiro chassi, cuja cremalheira se situava na parte traseira da torre de suspensão. Quaisquer que fossem os motivos, o Cobra ficou então mais atualizado, equipado com o mesmo sistema de direção utilizado por Tojeiro no começo da década de 1950. No Cobra, a cremalheira se prendia à parte da frente da torre da suspensão.

A Cam Gears fabricava o sistema de direção do Cobra, que tinha vários componentes iguais aos da cremalheira do MGB, mas eles não eram intercambiáveis devido, entre outras coisas, ao fato de o pinhão do AC ser mais curto.

As hastes de chapa de aço da suspensão dianteira do Ace, formadas por pinos-mestres convencionais, foram substituídas por peças de aço forjado com suportes giratórios na base e no topo, este com bico de graxa. Boa parte dos primeiros carros de rua equipados com sistema de pinhão e cremalheira de série fabricados em meados de 1963 foi utilizada pela Ford para avaliações ou campanhas publicitárias, ou, ainda, enviada a alguns concessionários para demonstrações.

Pinhão e cremalheira

À exceção do primeiro carro produzido com sistema de direção de pinhão e cremalheira, os três seguintes (CSX2127, 2128 e 2129), embora não tivessem sido designados de forma oficial como carros de corrida pela fábrica da AC, estavam destinados à equipe Shelby, que participaria das corridas do United States Road Racing Club (USRRC) de 1963. No entanto, a AC só percebeu que eles seriam utilizados para essa finalidade ao ser questionada por telefone — "Onde, diabos, estão nossos carros?" — quase às vésperas do dia da corrida. Os carros, porém, haviam sido produzidos e registrados como modelos comuns e seriam modificados para competição nas instalações da Shelby. Creio que os três deveriam participar da corrida de Sebring, mas somente dois chegaram ao circuito, em cima da hora. A fábrica da AC só aprontou os primeiros carros em 7 de março, quando foram levados às pressas para o aeroporto de Heathrow, de onde seguiram para Los Angeles; em menos de duas semanas eles teriam de estar na Flórida, preparados para a corrida! O terceiro carro (CSX2129) também deveria participar da prova, mas só ficou pronto em 20 de março, e foi então transportado para os Estados Unidos de navio, a bordo do *SS Loch Loyal*.

A Shelby teve de fazer inúmeras alterações nos dois carros, e foi uma façanha aprontá-los para a corrida de 23 de março, sobretudo considerando que, antes disso, houve os treinos e a inspeção técnica. As modificações envolveram, entre outras coisas, o radiador de óleo do diferencial, o sistema de freios e alterações na carroceria. Em seguida, foram instalados o motor de corrida (agora equipados com carburadores quádruplos Weber) e o câmbio,

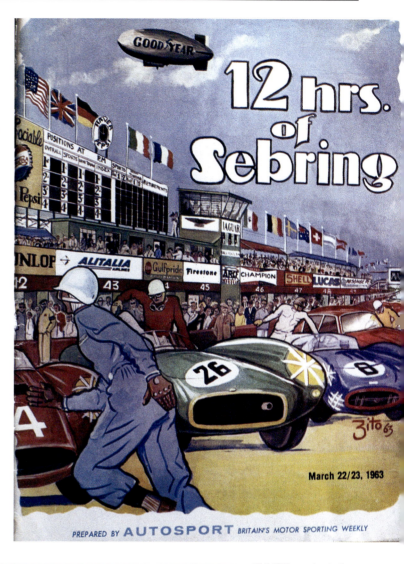

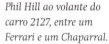

Phil Hill ao volante do carro 2127, entre um Ferrari e um Chaparral.

Dan Gurney no carro 2128, andando forte.

O CSX2128 foi um dos primeiros carros de corrida com sistema de pinhão e cremalheira.

FEITO PARA AS CORRIDAS

Este carro foi preparado pela Holman-Moody para a corrida Nassau Speed Week de 1962, quando foi pilotado por Augie Pabst. A gaiola de proteção integral foi instalada para a ocasião. O CSX2009 era um dos dois únicos carros que tinham a tampa do capô com essas aberturas de entrada de ar. No entanto, ao contrário do outro (2002), este não tinha a entrada de ar central. Um dos pilotos de Sebring, Peter Jopp, está apoiado sobre a bancada do boxe, conversando com Stirling Moss.

procedendo-se aos preparativos anteriores à corrida e aos testes.

Os dois carros tinham pintura preta de fábrica, mas os outros que corriam pela fábrica eram vermelhos; no entanto, isso não fez muita diferença, já que, pouco depois, o azul se tornou a cor padrão dos Cobras de corrida da Shelby. Os carros receberam os números 12 e 15, este atribuído ao CSX2128, que tinha ainda duas faixas amarelas diagonais no capô e nas laterais.

Logo que a corrida se iniciou, Phil Hill ultrapassou um grupo de Corvettes, em disparada pelas curvas, deixando marcas de pneu no asfalto e chegando à liderança. Entretanto, ao final da segunda volta, o jovem mexicano Pedro Rodriguez em seu Ferrari passou para o primeiro lugar. Atrás dele iniciou-se uma disputa pela segunda colocação entre Hill e Dan Gurney, que pilotava o 2128; Gurney acabou conseguindo ficar à frente, mas em seguida ambos foram ultrapassados pelos Ferrari, mais rápidos. Gurney vinha mostrando uma excelente atuação, mantendo-se em terceiro entre os carros italianos após mais de quatro horas de corrida, com seu carro mostrando um ótimo desempenho. Os outros Cobras tiveram vários problemas decorrentes de peças que se soltaram ou de componentes defeituosos, e todos eles, inclusive Hill, ficaram para trás devido às longas paradas nos boxes. Gurney conseguiu permanecer na prova por algum tempo depois que o câmbio de seu carro começou a apresentar problemas, mas teve de parar quando os parafusos de fixação da cremalheira se soltaram. Os reparos consumiram cerca de duas horas, e o carro voltou à pista com Phil Hill ao volante. O Cobra pilotado antes por ele era o mais bem classificado, e retomou a corrida nas mãos de Ken Miles; conforme um piloto conseguia levar um carro para uma melhor classificação, entregava-o a outro companheiro de equipe; às vezes, essas trocas entre eles eram feitas por ordem de Shelby. Ao final, o Cobra de número 12 — pilotado por Hill, Spencer e Miles — obteve o 11º lugar na classificação geral, atrás de seis Ferrari, dois Jaguar e dois Porsche. O segundo Cobra, 2128, que se classificou em 29º, teve vários pilotos, entre os quais Gurney, Hill e MacDonald. Mais atrás ficou a dupla Peter Jopp e Jocko Maggiacomo, com o CSX2009.

FEITO PARA AS CORRIDAS

Acima: *Shelby ainda mantinha sua escola de pilotagem, destinando alguns Cobras aos alunos mais destemidos.*

À extrema direita: *O caminhão da AC quando o carro de Hugus foi levado para a pista. Não havia ainda uma multidão, mas, como sempre, os entusiastas já se acotovelavam para ver o carro de perto.*

À direita: *A carroceria e o teto rígido especial do CS2131 em produção.*

À esquerda: *O CSX2128, com o qual Dan Gurney e Phil Hill correram no circuito de Sebring, em 1963.*

Os carros da Le Mans 1963

Os carros seguintes na sequência de numeração de fábrica eram dois modelos de corrida com direção na direita. O de chassi número CS2130 recebeu a designação "Cobra de Corrida com Direção na Direita" e tinha acabamento interno na cor preta e externo apenas com primer. Foi faturado em nome de Peter Jopp, que havia participado da corrida de Sebring, e saiu da fábrica em 5 de abril; aparentemente, entretanto, pertencia à Shelby, e foi licenciado em Surrey como 644CGT. O outro carro (CS2131), com pintura verde Racing e acabamento interno na cor preta, recebeu a denominação "Carro AC Le Mans".

Note que ambos tinham o prefixo de chassi CS, um detalhe que causou confusão, em especial, no caso do CS2131, que era com

frequência chamado CSX2131. Talvez isso tenha ocorrido porque, ao vendê-lo, a Shelby mencionou o prefixo na fatura como CSX. Foi um mero erro burocrático, por certo porque os funcionários administrativos da Shelby estavam acostumados a faturar os carros com prefixos CSX, e não sabiam que aqueles eram modelos com chassis CS.

Dois carros foram inscritos provisoriamente na prova de resistência francesa, mas o CS2130, embora fosse considerado um protótipo Le Mans, não era um deles. O segundo carro Le Mans, na verdade, foi o CSX2142, branco com faixas azuis e acabamento interno na cor preta, que a AC denominou "Carro American Le Mans". A data de entrega desses dois carros não consta do registro porque eles permaneceram algum tempo em poder da fábrica de Thames Ditton.

Na verdade, ambos pertenciam à Shelby, que (financiada pela Ford) estava por trás dessa primeira participação na Le Mans.

45

AC COBRA

Grandes expectativas. Filetes de óleo escorrem das aberturas laterais do 2142 ao ser empurrado do boxe para sua posição.

Pouco antes da largada. Os carros estão alinhados e os espectadores procuram seus lugares. Observe as rodas de corrida Dunlop desses carros.

O carro com direção na direita, agora licenciado como 39PH, foi inscrito oficialmente pela AC Cars, com patrocínio do jornal *Sunday Times*. O outro, que tinha direção na esquerda e uma cor peculiar, e foi pilotado pelo distribuidor da Shelby para a costa leste, era um carro americano típico, embora houvesse sido licenciado na Inglaterra como 645CGT.

Ambos os carros feitos para a Le Mans tinham tetos rígidos de alumínio com um ligeiro formato fastback e tampas de porta-malas bem menores, com articulação na parte de trás, ao contrário dos Cobras de série. O reabastecimento se fazia através de um conduto de diâmetro maior, que se estendia da plataforma traseira até o canto direito do teto.

Esses três carros de corrida foram os primeiros produzidos pela fábrica com aberturas de refrigeração nas laterais e no capô, estas bem maiores que as dos carros

Logo depois o CSX2142 passou a utilizar rodas Halibrand no lugar das Dunlop, que prejudicavam a estabilidade.

O teto rígido de Le Mans foi eliminado depois da prova, e os arcos das rodas foram modificados para as corridas posteriores; o carro recebeu também uma barra de proteção.

AC COBRA

O encarregado de abastecimento está prestes a recolocar o lacre na tampa do tanque, após ter completado o reabastecimento. Embora o 2131 tivesse a tampa do porta-malas curta, seu formato era diferente de seu congênere, com um painel que recobria a parte superior traseira. Observe as quatro ponteiras de escapamento e o vistoso emblema da AC.

subsequentes, de série. Tinham ainda tanques de combustível de maior capacidade, com os 140 litros permitidos para eventos desse tipo, também utilizados na maioria dos Cobras de corrida. Dos dois carros Le Mans, o que foi inscrito pela AC Cars talvez tivesse um motor com preparo mais moderado.

Os americanos que pilotavam os Cobras à noite pareciam preferir os faróis Lucas 576 (como os dos carros em Sebring), que também foram utilizados no carro inscrito pelos americanos, pilotado por Ed Hugus e Peter Jopp. Ambos tinham luzes de identificação no teto, duas para o carro dos americanos e uma para o dos britânicos, além de luzes de iluminação para os números na lateral. Como havia poucos participantes, a inspeção para a prova daquele ano não foi muito rigorosa, pois os organizadores fizeram vista grossa para algumas irregularidades dos carros a fim de assegurar que houvesse o maior número possível de competidores. Durante os treinos, os Ferrari e os Aston Martin tiveram os melhores tempos na reta Mulsane; os Jaguar E-types e os Cobras ficaram atrás, com velocidades de 32 km/h ou ainda mais baixas. As janelas traseiras dos Cobras apresentavam uma tendência a se soltar quando eles se aproximavam da velocidade máxima, um problema que foi eliminado com o uso de parafusos.

Naquela ocasião em Le Mans, Graham Hill e Richie Ginther correram com o Rover-BRM de turbina a gás. Enquanto os demais pilotos corriam até seus carros atravessando a pista para a tradicional largada, o piloto do carro com turbina tinha de aguardar no seu interior, recebendo a bandeirada somente após a largada dos outros participantes. Os dois Cobras largaram bem, sem problemas, e ao final da segunda volta estavam na parte superior da metade do circuito, atrás dos líderes. Tudo correu bem para eles até a quinta hora, quando, ao crepúsculo, Ninian Sanderson passou por uma poça de óleo deixada pelo Aston Martin de Bruce McLaren, cujo motor explodira, e teve muita sorte de escapar depois de rodopiar na pista; contudo, Salvadori, que pilotava um Jaguar E-type leve, se envolveu em uma colisão. Dois outros carros pequenos também se acidentaram, e um dos pilotos morreu.

Na décima hora da prova, o Cobra da dupla Hugus-Jopp, depois de apresentar um vazamento de óleo acima do normal, sofreu uma pane de motor, atribuída à ruptura de uma biela ou pistão, e chegou ao boxe expelindo fumaça.

Embora a corrida de 1963 tivesse sido uma das mais duras, o Cobra de Thames Ditton seguiu firme enquanto outros tiveram de abandonar a prova. Na chegada, ficou atrás de apenas seis Ferrari, na melhor posição entre os demais, e apenas 400 km atrás do vencedor. O Rover-BRM, apesar de ter corrido em separado, terminou pouco menos de 1,5 quilômetro atrás do Cobra, e parecia poder suportar facilmente mais 24 horas de prova. Já o Cobra foi um dos poucos participantes, se não o único, que não teve de ser levado embora de carreta ao final da corrida.

O carro havia apresentado um consumo de óleo elevado na prova de 1963 e, quando voltou a Le Mans em 2002, sofreu a ruptura de uma mangueira de óleo, o que o fez deixar a corrida.

O outro carro da equipe teve de abandonar a prova na noite anterior, mas este parou apenas para reabastecimento e verificação do nível de óleo do motor.

AC COBRA

O Le Mans Réplica CSX2137 foi o primeiro Cobra a vencer uma corrida da FIA.

O porta-malas dos Le Mans Réplicas tinha este formato exclusivo. Até o aparecimento desse modelo, todos os tanques de competição eram de aço, mas, a partir de então, passaram a ser feitos de alumínio. Este carro foi o último equipado com um só grande tanque de combustível, de 140 litros. A partir do chassi número CSX2138, os carros de corrida passaram a ter dois tanques interconectados.

FEITO PARA AS CORRIDAS

Os Le Mans Réplicas

Em junho, foram produzidos dois lotes de um modelo que a AC denominou Le Mans Réplicas. O primeiro era formado pelos CSX2136, 2137 e 2138, completados em 26 de junho, e o segundo, pelos CSX2154, 2155 e 2156, concluídos em 2 de julho. Todos foram levados então para Nova York.

Os três primeiros Le Mans Réplicas foram integrados à equipe Shelby. Embora fossem todos idênticos, um deles, o CSX2138, tinha teto rígido de alumínio. Também foram equipados com rodas Hallibrand em vez das Dunlop utilizadas nos carros que haviam participado de fato da Le Mans.

Ao que tudo indica, todos os Le Mans Réplicas foram produzidos pela AC como modelos de direção na direita. Isso soa estranho porque a fabricação dos carros de série para a Europa ainda não havia sido iniciada e, até então, do total de carros produzidos, só três eram modelos com

FEITO PARA AS CORRIDAS

À esquerda: *O painel e o interior dos Le Mans Réplicas eram assim (este é o 2137).*

Acima: *A exceção era o CSX2155. Na foto, o carro está sendo reformado, depois de ter permanecido guardado por muitos anos. Os rebites de fixação da carroceria de alumínio foram retirados para permitir a pintura do chassi tubular e os reparos necessários.*

À esquerda: *Para a instalação dos conta--giros Sun nesses carros foi necessário fazer uma adaptação, com a redução da abertura que havia para o dispositivo original.*

53

O reabastecimento era feito através de uma bomba elétrica Stewart-Warner.

direção na direita. Então, por que iniciar a fabricação dos Le Mans Réplicas como modelos de direção na direita para, em seguida, ter de modificá-los a fim de dotá-los de direção na esquerda, quando boa parte do trabalho já havia sido executada?

Os três últimos carros foram vendidos zero-quilômetro a futuros competidores. Destes, o 2155 (já com seu segundo proprietário, Tommy Hitchcock) participou de corridas da FIA nos Estados Unidos e na Europa, em 1964. Dois dos carros de equipe correram pela primeira vez, em conjunto, em uma prova do USRRC em Elkhart Lake, em setembro. Dave Mac Donald e Bob Bondurant pilotaram o 2136, vencendo na classe GT, classificados em quarto lugar na geral, enquanto Bob Johnson e Lew Spencer correram com o 2137, conquistando o segundo lugar na classe GT e o sexto na classificação geral.

Depois disso, os carros passaram a correr separadamente, ambos contribuindo para os primeiros campeonatos da Shelby nos Estados Unidos. Foi na corrida seguinte, no entanto, que o 2137 e seu piloto Dan Gurney conquistaram um lugar na história do Cobra e das corridas nos Estados Unidos.

A Bridgehampton Double 500 era uma corrida ininterrupta de 500 quilômetros, com dois dias de duração, realizada em setembro. A primeira etapa era para GTs e somava pontos para o Campeonato de Fabricantes da FIA, enquanto a segunda se destinava a carros de corrida e a quaisquer GTs considerados em condições de enfrentar outra longa corrida.

Apesar do vento gelado, uma multidão se reuniu para ver os três Cobras de fábrica, que, ao largarem, deixaram os outros carros para trás, seguidos de alguns GTO, E-types e Corvettes, além dos Cobras de particulares. Depois de algumas voltas, Walt Hansgen, ao volante de um E-type, passou à dianteira por uma pequena margem, que conseguiu manter apenas até a 30ª volta, quando foi ultrapassado por Gurney. Na metade da prova, na parada obrigatória para reabastecimento, alguns pilotos foram substituídos, mas os dois líderes prosseguiram até o final. Durante o

Em dias de forte ventania, era preciso segurar o capô do Cobra para evitar que se soltasse. O óleo é injetado com uma seringa enquanto Wayne Pierce apoia a mangueira de combustível. Ele tinha como função principal dirigir o caminhão que transportava o carro, mas, em geral, executava outras tarefas durante as provas. Carroll Shelby e Bob Holbert, ao lado do barril de combustível, observam os trabalhos.

FEITO PARA AS CORRIDAS

No motor preservado do 2155, pode-se ver a conexão das borboletas utilizadas com os carburadores Weber. Uma das tampas dos balancins ainda traz a inscrição "Sobressalente para Sebring", quase ilegível.

Dan Gurney sozinho na dianteira, com a vitória já garantida, na prova Bridgehampton Double 500 de 1963.

AC COBRA

Em 1964, quando participou da corrida de Sebring, o 2137 pertencia a Ralph Noseda. Depois de nove horas, o carro teve de abandonar a prova.

abastecimento realizado nessas paradas, fortes rajadas de vento às vezes faziam a gasolina respingar nos carros e pilotos, mas, felizmente, não houve nenhum acidente.

Antes do final, Gurney já estava à frente de todos os demais, inclusive de seu companheiro de equipe, Ken Miles, que naquela corrida pilotava o 2129 e ultrapassou o Jaguar, deixando os dois Cobras na frente. Assim, Dan Gurney se tornou o primeiro piloto americano a vencer um campeonato internacional de carros esporte com um carro americano. Além disso, proporcionou a primeira vitória aos Cobras da Shelby em uma prova da FIA.

Na corrida do dia seguinte, Gurney foi escalado para pilotar um Ferrari, e o carro

Os arcos das rodas receberam extensões fixadas com rebites para tornar a largura deste trecho da carroceria adequada às exigências do regulamento.

FEITO PARA AS CORRIDAS

vencedor foi entregue a Bob Holbert, cujo Cobra de fábrica (além de alguns Cobras de particulares) havia apresentado um defeito na junta universal do eixo cardã durante a primeira corrida. Ken Miles estava de novo ao volante do carro classificado em segundo lugar, mas nenhum dos dois conseguiu completar o percurso de 500 quilômetros. Holbert, com problemas na transmissão, foi o primeiro a se retirar, e Ken Miles conseguiu chegar até quase a metade do trajeto com uma embreagem defeituosa, mas o carro não resistiu até o final. A equipe não ficou muito desapontada porque havia vencido a prova anterior e deve ter encarado a derrota como um teste.

O CSX2137, sempre participando das competições com o número 99, obteve duas outras vitórias durante sua curta temporada na equipe. Uma delas foi numa corrida do USRRC Mid-Ohio, e a outra, na prova de GTs de uma hora para o Grande Prêmio *Los Angeles Times*. Além disso, obteve o oitavo lugar na classificação geral do Grande Prêmio. Assim, encerrou-se sua breve, mas bem-sucedida, participação em equipes de corridas. No final de 1964, foi vendido a Ralph Noseda, residente na Flórida, que participou de outras corridas com ele durante dois anos.

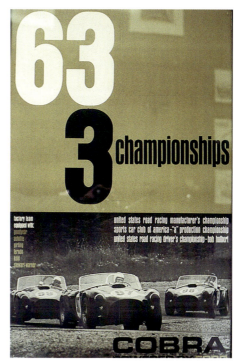

AC COBRA

FEITO PARA AS CORRIDAS

Os motores de corrida não utilizavam tampas de balancins com aletas de alumínio — só utilizadas em carros de rua e por pessoas que gostavam de se exibir.

Bob Olthoff descontraído, sentado sobre a parte traseira do 2142 no calor de Bulawayo, na Rodésia (atual Zimbábue). O defletor de insetos do capô, de acrílico, também foi pintado com as faixas triplas vermelhas que substituíram as anteriores, azuis e duplas, utilizadas na Le Mans.

Os Cobras de corrida ingleses

Depois da Le Mans, os dois Cobras que participaram da prova foram adquiridos pela John Willment Automobiles, um concessionário Ford que mantinha uma equipe de competição. Os carros foram entregues sem os motores, fornecidos à parte. O piloto de corridas sul-africano Bob Olthoff, que tinha passado a trabalhar para a Willment, e Steele Therkelson, outro funcionário, foram encarregados de instalá-los. Não muito tempo atrás, Bob me relatou suas primeiras experiências com aqueles carros: "Levamos o primeiro que terminamos de montar — acho que foi o 39PH (CS2131) — para Brands Hatch e concluímos que ele não estava em condições de correr. Jeff Uren [gerente da equipe] e, depois, John Willment, questionaram Carroll Shelby, que, com aquele seu jeito, respondeu que 'o piloto deles não sabia pilotar'. No entanto, diante da insistência de Jeff e John, Shelby enviou Ken Miles para 'nos mostrar' como se pilotava um Cobra. Ken e eu fomos para Brands Hatch onde ele, logo de cara, saiu com o carro de traseira na curva Paddock. Ken conversou então com Shelby e nos forneceu as rodas Halibrand de tala mais larga com pneus Goodyear Sports Car Special e outros itens para tornar o carro mais estável. Fizemos algumas modificações nas molas e nos amortecedores, o que melhorou muito a estabilidade. Nós inscrevemos dois carros na prova Tourist Trophy em Goodwood, em 1963. Ken Miles e eu íamos compartilhar um carro, mas os inspetores não aceitaram as rodas e a suspensão recém-homologadas, e nos impediram de participar da corrida".

Em setembro, Olthoff se inscreveu na prova *Autosport* Three Hours, em Snetterton, com o Cobra de direção na esquerda que correu em Le Mans (CSX2142), ainda com o teto rígido, as rodas Dunlop e a suspensão original. No entanto, devido à instabilidade do carro e a uma inesperada perda de potência, ele desistiu antes da metade da corrida.

Segundo Olthoff, naquela ocasião não houve tempo suficiente para instalar as rodas Halibrand, nem para modificar a suspensão antes do envio do carro à África do Sul para a série Springbok. A primeira corrida seria a Rand Nine Hours, com Olthoff e Frank Gardner pilotando em dupla o ainda instável Cobra. Seu principal

59

Olthoff aguarda enquanto a equipe de manutenção inspeciona seu carro na prova Rand Nine Hours, em Kyalami. O diretor de competições da Willment, Jeff Uren (de boné) observa o trabalho atrás da bancada do boxe.

adversário era o vencedor do ano anterior, David Piper, com seu Ferrari GTO. Durante um bom tempo o Cobra conseguiu se manter pouco atrás do Ferrari, na mesma volta, mas este acabou se distanciando. Quando o Ferrari já estava com cerca de cinco voltas de vantagem, Olthoff perdeu o controle do Cobra em decorrência de um pneu furado. O carro capotou de bico, deu um giro completo, quando Bob foi jogado para fora, e parou na posição normal. Por incrível que possa parecer, o carro, todo amassado e fumegante, ainda estava em condições de rodar. O pneu foi trocado e o Cobra, que havia parado próximo à linha de chegada, foi empurrado por ela, recebendo a bandeirada final e se classificando em segundo lugar.

Os mecânicos da Willment repararam o carro a tempo para a prova Sports and GT, preparatória do Grande Prêmio Sul-africano, em 28 de dezembro. Numa tentativa de melhorar sua estabilidade, o carro foi equipado com rodas Halibrand, somente na traseira (por acaso, elas haviam sido trazidas da Inglaterra em meio às demais de reserva), pois não seria possível utilizá-las na dianteira sem algumas adaptações. Com isso, o Cobra venceu a corrida.

Depois de retornarem da África, a Willment preparou os dois carros e o outro modelo Le Mans (CS2130), que havia adquirido, para a próxima temporada de corridas. A primeira providência foi equipar todos eles com as rodas de liga leve americanas, que a equipe agora tinha em estoque. Para isso, foi necessário aumentar os arcos das rodas e fazer algumas modificações nos braços de direção.

Jack Sears pilotou o 39PH na prova Sussex Trophy, em Goodwood, na segunda-feira depois da Páscoa de 1964, e atraiu as atenções ao arrancar com o Cobra vermelho e tirar da liderança os Ferrari GTO de Graham Hill e David Piper. Ele perdeu para Hill, mas competiu com garra e conquistou o segundo lugar. Este era o único dos três roadsters da Willment de cor vermelha; os outros dois permaneceram com a cor branca enquanto pertenceram à Equipe Willment, que depois ficou com apenas dois carros, quando a Shelby vendeu o CSX2142 à Ford France. Poucos dias depois, Sears se inscreveu na prova Oulton Park Trophy com o mesmo carro, que passou a contar com uma barra de proteção integral. Na prova preparatória, pilotando um enorme Ford Galaxie da Willment, Sears notou um problema nos freios quando se aproximava de uma curva em alta velocidade. Para evitar uma colisão frontal, deu um cavalo de pau e parou o Galaxie. Depois disso, ele foi mais cauteloso na prova principal, ao volante do Cobra. Jim Clark, que estava no auge de sua carreira, venceu a corrida com seu Lotus 19, e Sears se classificou em segundo lugar.

No começo de maio, Sears participou da corrida de GTs com o 2131, o primeiro percurso do dia da prova preparatória para a International Trophy, em Silverstone. Fazia frio, chovia e ventava. Sears estava na primeira fila, acompanhado de Graham Hill, que pilotava um Ferrari GTO, e Mike Salmon, ao volante de um Aston Martin. Salmon havia batido o recorde de GT durante o treino, com uma passagem a uma velocidade pouco superior a 167 km/h, porém com uma diferença de apenas 0,4 segundo sobre o piloto do Cobra. Ao ser dada a largada, os carros saíram patinando pela pista molhada em meio à chuva, e ao final da segunda volta Graham Hill já estava na liderança. Logo no começo, Salmon e Sears tiveram problemas quando o Aston saiu da pista e o Cobra sofreu uma derrapagem. Com isso, ambos correram o restante da prova com os carros em péssimas condições. Salmon acabou ultrapassando todos os demais e foi se aproximando de Hill, que ainda estava na frente, enquanto Sears enfrentava dificuldades com o Cobra, sobretudo em Woodcote. A prova terminou com Hill em primeiro, seguido de Salmon e Sears, que ultrapassou o Ferrari de David Piper na última volta, ficando em terceiro.

A Willment levou outro Cobra (CS2130) a Goodwood para a prova do feriado de Pentecostes. Bob Olthoff deu o melhor de si com aquele carro um tanto instável, classificando-se em terceiro, atrás de Roy Salvadori com um Cooper-Maserati, e de Hugh Dibley, que correu com um Brabham-Climax, dois carros de concepção muito mais moderna, com motor central.

A Willment participou também da corrida de 1.000 km do Allgemeiner Deutscher Automobil Club, em Nürburgring, na Alemanha, com dois Cobras. Durante os treinos, o motor do carro de Frank Gardner fundiu, levando-o a capotar, sair da pista e ir parar em uma vala. Por milagre, Gardner escapou ileso do acidente, mas o carro ficou bastante danificado. Nessa prova, antes do final da primeira volta, o carburador do carro 644CGT (que, de forma inexplicável, utilizava o número de licença 644PGT), pilotado por Bob Olthoff, sofreu um retorno de mistura e pegou fogo. Olthoff conseguiu parar o carro e apagar o fogo, retornando à pista após a substituição da linha de combustível e de alguns outros componentes queimados. Apesar de todo o atraso sofrido, ele foi o terceiro em sua classe, mas ficou em 47º lugar na classificação geral.

Uma das corridas preparatórias para o Grande Prêmio Britânico (Europeu) de 11 de julho de 1964, em Brands Hatch, foi a Ilford Trophy. Jack Sears correu com o CS2131, que, depois do acidente na Alemanha, foi enviado à AC para a substituição do chassi e carroceria. Esta passou a ser do tipo FIA, com portas de tamanho reduzido. Olthoff participou com o 2130. Um novo Cobra, que havia sido produzido para "Tommy" Atkins, um entusiasmado competidor privado, foi inscrito nessa prova. A carroceria e o chassi foram fornecidos pela AC, mas a montagem do carro ocorreu nas oficinas de Atkins, e ele recebeu o número de chassi HEM6. Nos treinos, o carro de Olthoff foi o mais rápido dos três, mas acabou colidindo com uma árvore, e não pôde participar da corrida. O segundo melhor tempo foi o de Roy Salvadori, ao volante do novo carro, mas Sears acabou prejudicado quando seu carro perdeu uma roda.

Aquela foi a mais memorável façanha da Willment com os Cobras. Por conta de um mal-entendido na largada, Sears recebeu uma bandeira preta, saiu, depois voltou à prova, e, com determinação, venceu Jackie Stewart (com um Jaguar E-type) e Salvadori.

Em julho, Bob Olthoff participou de uma corrida no circuito de Zolder, na Bélgica, onde viveu um de seus melhores

Sir John Whitmore recebeu uma coroa de louros por sua vitória em East London. As rodas traseiras Dunlop foram substituídas por Halibrand, e os canos de escapamento Le Mans deram lugar a outros, mais curtos e laterais.

O HEM6 com a carroceria de alumínio sem pintura na primeira corrida, em Brands Hatch, em 11 de julho de 1964.

AC COBRA

A prova Guards Trophy de 1964, em Brands Hatch. O CS2131, pilotado por Jack Sears, com a carroceria de portas "reduzidas", refeita depois do acidente em Nürburgring.

O HEM6, pintado com um tom de verde semelhante ao dos carros da AC e com as primeiras das várias modificações que seriam feitas em sua carroceria na primeira temporada.

momentos. Nos treinos, ficou apenas um décimo de segundo atrás de Lucien Bianchi, que pilotava um 250LM com motor de 3,3 litros, o mais veloz dos Ferrari participantes. Bianchi largou na frente; depois, durante as vinte voltas seguintes daquele circuito sinuoso, Olthoff foi se aproximando do líder. Por fim, conseguiu ultrapassá-lo, e já havia se distanciado bastante quando o motor do Cobra começou a falhar e perder potência. Olthoff parou no boxe, onde o distribuidor, que havia causado o problema, foi reparado. No entanto, depois de três voltas, ele constatou que o motor ainda não estava em ordem e teve de abandonar a prova quando havia conseguido o melhor tempo. Na semana seguinte, Olthoff participou de uma prova em Portugal, da qual também teve de se retirar quando o mesmo motor voltou a apresentar problemas.

Mais uma vez em Brands Hatch, no dia 3 de agosto, havia vários Cobras inscritos na classe GT da prova Guards Trophy. Sears, que correu com o 2131, conseguiu permanecer na dianteira de Chris Amon, que pilotava o HEM6, conquistando o quinto lugar na classificação geral e o primeiro na categoria GT. Mais uma vez, Olthoff conseguiu o melhor tempo entre os GTs (em conjunto com Amon), mas teve de parar o carro por um longo tempo para reparos na carroceria. Em consequência disso, ele se ficou em 16º lugar na classificação geral, atrás do Le Mans Réplica de Tommy Hitchcock, que havia deixado de lado o Campeonato Internacional de GT para correr na Inglaterra.

Ambos os roadsters da Willment participaram da prova Tourist Trophy em Goodwood, ao lado do HEM6. Depois disso, já quase no final da temporada na Inglaterra, a Willment passou a concentrar sua atenção no novo cupê Cobra, e o HEM6 foi destinado à loja de carros usados Chequered Flag. Os dois carros da Willment foram colocados à venda, mas, diante da falta de interessados, Bob Olthoff acabou levando o 2130 de volta para a África, enquanto o modelo vermelho permaneceu parado durante cerca de dois anos à espera de um comprador.

A AC Cars havia passado a oferecer os Cobras no mercado interno, tendo vendido algumas unidades, entre os quais o COB6040 e o COB6041 para os pilotos Nick Granville-Smith e Patrick McNally. Além desses, dois roadsters FIA (CSX2260 e CSX2301) foram adquiridos de John Wyer por ingleses no final de 1964. Vários pilotos correram com esses carros, formando uma equipe denominada Radford Racing, porque um deles, Chris McLaren, era gerente da fábrica de carrocerias Radford Coachbuilders.

O primeiro 7-litros

No final de 1963, os mecânicos da Shelby, auxiliados por Ken Miles, instalaram um motor Ford de 7 litros, maior e bem mais pesado, com uma caixa de câmbio "top loader", em um Cobra de série (CSX2196) recém-chegado da Inglaterra. Segundo se diz, quando o trabalho terminou, Carroll Shelby testou o carro e pediu que fosse preparado para corrida.

Assim, o chassi foi reforçado e o carro recebeu uma série de equipamentos, que na época já eram utilizados em carros de corrida, como radiador de óleo, freios e amortecedores mais eficientes, barra estabilizadora e para-brisas de competição. As rodas raiadas, como não poderia deixar de ser, foram substituídas por rodas de liga leve com prisioneiros, e no lugar do motor de testes foi instalado um 7-litros preparado de acordo com as especificações da National Association for Stock Car Racing.

Aquele carro maravilhoso estreou no circuito de Sebring em 1964, pilotado por Ken Miles e Phil Hill. Durante os treinos, surgiram alguns problemas que levaram Ken a perder o controle do carro e colidir com uma das raras árvores próximas à pista. Ele tinha todos os motivos do mundo para desistir do carro, mas varou a noite ao lado de alguns fiéis funcionários e conseguiu deixá-lo em ordem para a corrida do dia seguinte.

Na primeira parte da corrida, apesar de algumas paradas por falta de combustível, vazamento do fluido de freio e outros problemas, Ken conseguiu manter o Cobra na pista. No entanto, como estava sentindo fortes dores nas costelas, resultantes dos incidentes do dia anterior, acabou desistindo da prova.

Com isso, Hill assumiu um dos outros dois roadsters ao lado de Schlesser, e o de 7 litros foi entregue ao inexperiente John Morton, que, apesar de alguns problemas, conseguiu levar bem o carro, até surgir um defeito na embreagem. Um representante da Ford providenciou a revisão do roadster para que ele pudesse retomar a corrida. Quase no final da prova, porém, uma das bielas varou o bloco do motor. Aquilo foi o fim — pelo menos naquele momento.

Em meados daquele ano, com a ajuda de Ken Miles, o carro foi reformado a tempo de participar da prova Chevrolet Grand Sports, na semana Speed Week de Nassau, em dezembro. Além de todas as modificações feitas na parte mecânica, o carro recebeu uma carroceria de alumínio com seções inteiriças na frente e na traseira, articuladas nas extremidades para facilitar o acesso. Com isso, o carro passou a ser chamado "Flip Top". Seu peso em ordem de marcha era pouco superior a 800 kg, em parte graças ao novo motor de alumínio FE390 com carburadores Weber.

Superados os problemas com o carro, Ken estava ansioso por mostrar seu desempenho no Grand Sports. De fato, o carro andou muito bem nas primeiras doze voltas da prova Tourist Trophy.

Depois, o diferencial começou a dar sinais de superaquecimento, talvez porque Ken tenha se esquecido de ativar a bomba de resfriamento de óleo, ou, mais provável, porque ela teria parado de funcionar. Isso começou a prejudicar o Flip Top nas curvas e, para tentar ultrapassar o Chevrolet de Roger Penske, que liderava a prova, o piloto teve de forçá-lo para recuperar o tempo nas retas. Entretanto, o motor não aguentou o esforço e o roadster parou de vez. Então, voltou para a Califórnia e depois foi vendido.

Ken Miles, com o copo de chá na mão, ajeita a posição do grande motor 7-litros sobre o carro ainda em reparos, durante os trabalhos noite adentro para aprontá-lo para a corrida em Sebring.

Logo mais, ele já estava na pista com o carro pintado ainda que de forma precária.

63

Sonhando com os campeonatos mundiais

Em sua primeira temporada, a Shelby participou de três campeonatos com os Cobras, mas aquilo foi apenas o começo. Até então, os carros só haviam competido nos Estados Unidos, mas a equipe estava de olho na Europa. À exceção de Daytona, o Cobra roadster tinha uma pequena desvantagem em relação a outros carros de melhor aerodinâmica nos circuitos americanos, nos quais não havia longas retas que exigissem a sustentação de altas velocidades. Boa aceleração e freios eram os atributos mais importantes em circuitos como Watkins Glen ou Bridgehampton, e o Cobra possuía ambos.

SONHANDO COM OS CAMPEONATOS MUNDIAIS

Todas as carrocerias Daytona, exceto uma, foram produzidas nesta oficina na Itália.

Quando o Cobra roadster de competição atingia 265 km/h, sua potência mostrava-se insuficiente para superar a crescente resistência do ar, e de nada adiantava acelerá-lo mais, apesar dos relatos infundados de que alguns Cobras teriam registrado velocidade de até 290 km/h em estradas. Para as corridas de longa distância de Le Mans ou Spa, seria preciso aumentar bem a velocidade máxima do carro; em outras palavras, melhorar sua aerodinâmica. O melhor exemplo disso é a longa reta Mulsanne do circuito de Le Mans.

Percorrer aquele trecho de 5,5 km com uma velocidade 48 km/h superior à desenvolvida pelos Cobras naquela época equivaleria a ganhar 12 segundos por volta, ou cerca de uma hora no total durante uma corrida de 24 horas.

Como Shelby queria levar seus carros às corridas da FIA na próxima temporada, era preciso evitar que as soluções apresentadas fossem barradas pela entidade, impedindo-os de participar dos eventos. Uma leitura cuidadosa do regulamento da FIA deixou claro que carrocerias experimentais seriam permitidas, desde que utilizadas com chassis de série com, pelo menos, 100 unidades já fabricadas.

Os cupês Daytona

Shelby tinha um funcionário, Pete Brock, que sempre desejou pilotar um Cobra, a quem convenceu a trabalhar no projeto daquela carroceria. Carroll Shelby sabia como poucos colocar as pessoas certas nos lugares

No início, havia duas aberturas de ventilação para os freios traseiros, localizadas no lado externo das lanternas traseiras. Depois, quando se constatou que o fluxo de ar nesta parte do carro direcionava o ar de volta para os freios, as aberturas foram fechadas com chapas de alumínio.

65

AC COBRA

O CSX2299 foi o melhor dos cupês.

adequados para concretizar seus planos. Brock concordou com sua ideia de que um cupê de linhas mais suaves seria a solução mais adequada e criou alguns esboços.

Por mais indispensável que fosse para a organização de corridas da Shelby, Phil Remington não conhecia a fundo os circuitos europeus e suas particularidades, e tinha mais intimidade com as pistas e corridas dos Estados Unidos; assim, não achava necessário modificar os carros. Carroll Shelby, por sua vez, embora não fosse técnico, havia participado de corridas na Europa e sabia o que era preciso fazer, contando com o auxílio de Ken Miles, que havia começado a carreira pilotando um de seus carros e depois passou a ser seu consultor. Quando correu nas pistas de grande velocidade dos Estados Unidos, Ken percebeu que os cupês Ferrari, menos potentes, mas com carroceria de maior eficiência aerodinâmica, apresentavam um bom desempenho, chegando até a superar os Cobras.

SONHANDO COM OS CAMPEONATOS MUNDIAIS

Um interior funcional, com todos os interruptores bem sinalizados e caixas de fusíveis acessíveis. O velocímetro, um equipamento obrigatório, ficava afastado do piloto, no lado direito do painel. Quem pilotou um desses cupês se lembra bem do calor e barulho internos.

O radiador era inclinado para a frente, recebendo o fluxo de ar proveniente de uma grande abertura no capô através de uma calha de alumínio. Os carburadores eram envoltos pela imprescindível caixa de refrigeração.

Shelby pediu então a Ken Miles que começasse a trabalhar no projeto do chassi e trem de força do carro. O jovem neozelandês John Ohlsen, que havia vindo da Inglaterra com uma equipe de competições britânica, mas acabou se encantando com os Cobras e a Califórnia, ajudou Ken. Os dois decidiram aproveitar o CSX2014 (o carro com o qual Skip Hudson sofreu uma colisão em Daytona alguns meses antes), abandonado em um canto, ainda amassado. A carroceria e os tubos empenados foram retirados para permitir os reparos no chassi, que seria reutilizado. A fim de assegurar que o carro estivesse de acordo com as especificações definidas pelo regulamento da FIA para GTs, as alterações no chassi se restringiram ao mínimo, consistindo apenas no seu reforço e na triangulação dos tubos principais. O arco do painel também foi modificado de acordo com a carroceria cupê, e o carro passou a contar com uma barra de proteção integral sob o teto.

Nesse ínterim, Pete Brock havia concluído o desenho da carroceria, com o qual fez um modelo de chapas de madeira compensada que permitia visualizar suas formas. Aquele chassi não havia sido feito para ser utilizado em um cupê de corrida funcional; seu único propósito era o de servir como modelo de testes de novas ideias, como a da cremalheira maior, que permitia instalar o banco em uma posição mais baixa, ou como base para a abertura do habitáculo. Depois de pronta, a abertura do habitáculo foi levada com o chassi para a California Metal Shaping, em Los Angeles, onde as grandes seções dos painéis de chapa de alumínio seriam formadas em perfiladeiras de roletes e depois unidas por soldagem. Shelby pediu à fábrica da AC quatro chassis para produzir os cupês de corrida. Assim, em 22 de novembro de 1963, os dois primeiros chassis (CSX2286 e CSX2287) foram levados para o aeroporto de Londres, de onde seguiram para os Estados Unidos. Uma semana depois, seguiram os outros dois (CSX2299 e CSX2300).

Quando chegaram a Princeton Drive, os chassis receberam as mesmas alterações feitas por Miles e Ohlsen naquele antigo chassi que havia sido danificado em uma colisão. O primeiro a passar pelas transformações foi o CSX2287. Em seguida, veio o CSX2286, que serviu de modelo para os outros dois, enquanto o 2287 deu origem a um carro completo.

Quaisquer dúvidas em relação ao cupê desapareceram quando todos contemplaram o belo carro semiacabado. Com Phil Remington agora cada vez mais entusiasmado, a equipe da Shelby se empenhou em aprontar o carro para os testes anteriores à sua primeira prova. Durante um desses testes, em Riverside, o carro, com Ken Miles ao volante, superou por três segundos o melhor tempo da versão roadster — a prova de que os defensores do novo modelo, em especial Pete Brock, estavam certos.

Em fevereiro, enquanto o primeiro carro participava da prova Daytona Continental, na Flórida, o outro chassi estava sendo trabalhado. Depois de prontos, o CSX2299 e o 2300 foram mandados para a Itália com a abertura do habitáculo, seguidos logo depois pelo 2286. As partes restantes das carrocerias seriam produzidas pela Carrozzeria Gransport, em Modena, onde o custo desse processo era menor, e também porque os carros iam participar de corridas na Europa. Como o arco do painel havia sido produzido acidentalmente com pequena variação de medida em relação à do carro original, o CSX2299 tinha uma altura 25 mm maior nesse ponto. Esse detalhe foi notado antes do começo da produção do carro seguinte, o que permitiu corrigir o problema.

Enquanto as carrocerias desses dois carros estavam sendo produzidas, John Ohlsen veio dos Estados Unidos a fim de trabalhar no CSX2286, para o qual havia grandes planos. O carro, que seria equipado com um motor Ford especial de 7 litros e comando de válvulas no cabeçote, correria em Le Mans como protótipo da Shelby. A imprensa chegou a ser avisada de que o carro estaria presente nos treinos de fim de semana em Le Mans, mas isso acabou não sendo possível. Antes do embarque, ainda nos Ohlsen, seu chassi foi alongado 76 mm para permitir a instalação do motor de 7 litros, que era maior. No entanto, Shelby não conseguiu o 7-litros, e acabou tendo de enviar para Modena um 6,4-litros de competição, que seria instalado por Ohlsen.

Entretanto, como o dia da corrida, realizada em junho, já estava próximo, John Ohlsen acabou enviando primeiro o 2299, e depois o 2286 em um caminhão alugado. No entanto, não foi possível mostrar o desempenho do cupê com motor de 6,4 litros, que poderia ter atingido 320 km/h na reta Mulsanne, porque o caminhão que o transportava se acidentou, danificando a carga. Como não pôde correr com o motor de maior cilindrada, o carro voltou para os Estados Unidos, onde foi reequipado com o 4,7-litros da configuração cupê Daytona. O CSX2300 foi concluído no segundo semestre, a tempo de participar do Tour de France, em setembro de 1964.

Quando a fábrica da AC começou a trabalhar em dois outros chassis de cupês, Phil Remington lhe enviou instruções completas sobre as subestruturas e tubos adicionais necessários para fabricá-los. Com isso, o trabalho pôde ser executado na íntegra em Thames Ditton. Desta forma, em vez de serem despachados dos Estados Unidos pela Shelby, os chassis CSX2601 e CSX2602 (fora da sequência da numeração dos chassis com suspensão de feixes de molas, que terminava no CSX2589) foram enviados da AC para o fabricante de carrocerias italiano, que faria as alterações necessárias. O chassi 2602 foi fornecido completo, com motor e caixa de câmbio, e enviado via aérea para Milão, em agosto, com o outro chassi. Com as carrocerias cupês produzidas pela Carrozzeria Gransport, os carros foram enviados para os Estados Unidos, a fim de serem preparados para a temporada de corridas de 1965.

Não se sabe o que teria acontecido se Shelby tivesse conseguido homologar seus carros com suspensão de feixes de molas para o ano de 1965, mas, em vista dos acontecimentos, o atraso em sua conclusão acabou se revelando providencial.

Todos os carros de corrida eram equipados com espelhos de alumínio Raydyot.

Os roadsters FIA

Quando Carroll Shelby decidiu participar do campeonato de GTs de 1964, percebeu que além de produzir alguns cupês com os chassis roadster já homologados, seria conveniente, ou mesmo essencial, dispor de alguns roadsters de apoio, e encomendou à AC alguns carros para essa finalidade. Esses chamados carros FIA, assim como outros Cobras de corrida (além do cupê A98 da própria AC), figuram nos registros da fábrica com a numeração normal dos chassis, embora fossem identificados como modelos de corrida.

No entanto, esse procedimento era adequado porque os carros eram fabricados com os mesmos chassis e componentes, e faziam parte do lote constante nos contratos de fornecimento à Shelby. Além do mais, caso viesse a ser questionado pelos dirigentes das entidades esportivas automobilísticas, Shelby poderia lançar mão dos registros para comprovar que os GTs de corrida pertenciam a um lote de produção superior ao mínimo obrigatório de cem unidades.

As carrocerias dos roadsters FIA tinham uma grande diferença em relação às dos outros Cobras porque tiveram de ser modificadas para acomodar as rodas traseiras de tala mais larga, com 216 mm. Para isso, foi necessário aumentar bem os para-lamas traseiros, o que, por sua vez, exigiu uma alteração no formato das portas, com frequência chamadas "portas encurtadas". Embora isso levasse a crer que a estrutura básica dessas partes da carroceria fosse diferente, ela era igual à dos roadsters normais; tratava-se, na verdade, de uma mera conversão dos modelos de série. As abas dos arcos das rodas dianteiras foram aumentadas, e depois ainda mais, nos dois últimos carros de um lote de cinco produzidos. Todos tinham acabamento

O macaco de acionamento rápido de série dos carros de corrida.

AC COBRA

Um dos esquemas de painéis de instrumentos utilizados nos carros FIA e USRRC; o velocímetro apenas integrava o conjunto, e seu cabo não estava sequer conectado. Não havia porta-luvas. A fita enrolada nos raios do volante tornava seu manuseio mais confortável. Os carros vinham da Inglaterra com acabamento completo, que era quase todo retirado, à exceção do carpete sobre o túnel de transmissão.

A tela dividida foi concebida pelo departamento de competições para proteger o radiador de sujeira e contra o impacto de pedriscos.

70

interno na cor preta e foram entregues sem pintura, por solicitação da Shelby American, porque, ao contrário dos roadsters de série, eles ainda passariam por muitas modificações na fábrica de Venice.

Embora a produção dos dois primeiros roadsters (CSX2259 e CSX2260) tivesse começado antes de iniciada a fabricação dos chassis para os cupês, eles só foram concluídos no final de dezembro; o segundo carro saiu da fábrica na véspera do Natal.

Os dois últimos desta pequena série de carros (CSX2323 e CSX2345) saíram da fábrica em 18 de fevereiro, mas, ao contrário dos demais, receberam acabamento em primer. Os cinco foram levados para os Estados Unidos de navio.

Quando lá chegaram, a Shelby começou o longo trabalho de modificá-los, naquele que era seu mais ousado projeto até então. A criação desses carros foi fruto de esforços contínuos e de um extenso trabalho de desenvolvimento aliados à experiência em competições acumulada pela equipe ao longo de um ano.

Uma das primeiras providências foi retirar os bancos, o carpete, quase todo o assoalho de alumínio, o túnel da transmissão e os painéis traseiros da cabine, para dar acesso às partes do chassi que seriam modificadas. Os três suportes da barra de proteção foram soldados ao chassi: dois deles à parte de trás da travessa, atrás do banco do motorista, e outro na parte dianteira do arco do painel, para fora do tubo direito do chassi. Entre outras medidas para aumentar a segurança, houve a instalação de um arco de aço reforçado, preso ao membro transversal traseiro para proteger o piloto caso o eixo cardã se desprendesse, e de dois parafusos de orifício para a fixação do cinto de segurança. Uma seção de calha trepanada de suporte da bomba de óleo do diferencial foi soldada ao tubo direito do chassi, bem em frente à torre da suspensão traseira. Outros suportes menores para fixação de acessórios, como macacos, foram instalados na estrutura.

Antes, havia ocorrido problemas com as molas transversais, que se afrouxavam no

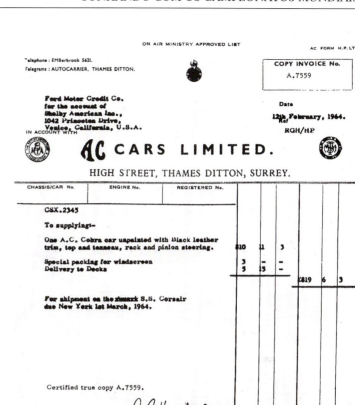

O para-brisa passou a ter uma inclinação maior, melhorando a aerodinâmica do carro. Para isso, bastou modificar os suportes presos ao arco do painel.

AC COBRA

decorrer das corridas, prejudicando a estabilidade. Isso foi resolvido com a solda de pedaços de barras de aço na parte superior das torres de suspensão para proporcionar um posicionamento correto das molas principais. Nesses carros, esses procedimentos especiais eram feitos durante a montagem.

Vários parafusos de fixação de componentes desses carros de corrida, como a cremalheira da direção, costumavam ser substituídos por itens com padrão de qualidade aeronáutica. Outros problemas, como o afrouxamento das coifas dos terminais de direção inferiores do sistema de direção eram resolvidos perfurando-se e amarrando os parafusos Allen com fios.

A maior parte desses procedimentos havia se tornado padrão para os Cobras de corrida, assim como a instalação de barras estabilizadoras dianteiras e traseiras e a substituição dos amortecedores Armstrong por Koni. As barras estabilizadoras dianteiras tinham, em geral, 19 mm de diâmetro, e as traseiras, 16 mm, mas essas especificações podiam ser alteradas conforme a necessidade de cada piloto. Dan Gurney, por exemplo, preferia barras de menor diâmetro, com 9,5 mm, na frente e atrás. Estas questões e mais uma variedade de detalhes relacionados ao trem de força eram definidos antes da instalação de componentes como o radiador e a bomba de óleo do diferencial, bomba e tanque de gasolina de grande autonomia, pinças de freio de competição, motor e caixa de câmbio. Como de costume, os Cobras de competição eram equipados com uma carcaça de ferro fundido que envolvia a embreagem e o volante, como proteção para o caso de esses componentes se

Os carros FIA foram pintados de azul Viking para a temporada de 1964, mas, a pedido da Ford, alegando que o tom do azul da equipe deveria ser mais parecido com o do seu logotipo, em 1965, eles foram repintados de azul Guardsman, que era mais escuro. É possível notar a cor antiga no interior do porta-malas, pois somente o exterior havia sido repintado. Esses modelos tinham dois tanques de combustível de alumínio interligados.

O CSX2345 FIA da equipe Shelby American é de fato maravilhoso e foi preservado nas condições em que estava em 1965, em sua última corrida, a subida de montanha Rossfeld. O carro se encontra em perfeitas condições de funcionamento.

SONHANDO COM OS CAMPEONATOS MUNDIAIS

fragmentarem. Essa carcaça também fazia parte da linha de acessórios Shelby.

Além de melhorar o desempenho e a potência dos carros com as modificações mecânicas, a oficina de preparo desenvolveu outras soluções muito úteis para os Cobras. Uma delas era uma tela protetora montada sobre molas na frente do radiador, para evitar que objetos danificassem o defletor ou aderissem a ele. Para diminuir a resistência dos roadsters ao ar, os suportes do para-brisa foram modificados de forma a permitir que este permanecesse na altura correta, mas à medida que o carro adquirisse velocidade, sua estrutura se inclinaria. O uso desse dispositivo era proibido pelo regulamento, mas a equipe dava um jeito de contornar a situação. Nas primeiras corridas, o capô de alumínio apresentou uma tendência a se desprender da carroceria devido à pressão do ar no interior do compartimento do motor, e sua parte dianteira passou a ser rebitada nas bordas, por precaução. Essas e muitas outras alterações que os roadsters de série sofreram foram reproduzidas nos carros que competiram no Campeonato de GTs de Fábrica ao lado de outros cupês.

Carros de rua

Em meio a toda aquela atividade de desenvolvimento e preparo dos carros de corrida para a temporada seguinte, não seria difícil esquecer os modelos normais 4,7-litros de rua, que formavam o grosso da produção do Cobra. Depois de um começo em ritmo lento, em julho de 1962, a produção na fábrica da AC foi crescendo aos poucos até chegar a uma quantidade superior a trinta carros mensais, em novembro de 1963. Na parte externa, eles não eram muito diferentes dos primeiros carros, à exceção das abas dos arcos das rodas, um pouco maiores, e das aberturas de ventilação nas laterais dos para-lamas dianteiros. Essas alterações surgiram a partir do chassi de número 2160. Os arcos das rodas foram aumentados para acomodar as rodas de tala mais larga, de seis polegadas, a partir de então equipadas com pneus Goodyear G8 ou Wingfoot de série. As aberturas laterais, por sua vez,

AC COBRA

surgiram mais por influência da Ford. Sua reputação estava relacionada ao Cobra, e ela havia concluído que a causa dos inúmeros casos de baterias defeituosas relatados por proprietários era o aquecimento excessivo do compartimento do motor.

Até o carro de chassi número CSX2165, o sistema de freios tinha apenas uma pinça, mas daí em diante passou a ter duas pinças e reservatórios. Na origem, havia um espaçador de alumínio na parte dianteira da caixa dos pedais, prevendo a instalação futura daqueles itens, mas depois, entre os carros de chassis números CSX2200 e CSX2225, as dimensões da caixa foram modificadas. No início, os instrumentos eram da marca Smiths, à exceção do conta-giros Rotunda, mas, a partir do carro de chassi número CSX2201, todos eles passaram a ser da marca Stewart-Warner. Nessa mesma época, o dínamo foi substituído por um alternador. Os modelos mais recentes contavam com a opção de uma caixa de câmbio Ford C4, mas apenas trinta carros foram produzidos com esse equipamento.

O compartimento do motor do Cobra de série era um tanto desorganizado. No caso deste carro, o proprietário conseguiu deixá-lo um pouco mais arrumado.

Com dois anos de uso, o CSX2193 foi adquirido por Bill Myrons, que o conservou durante trinta anos. Em 1969, Myrons, militar da Marinha dos Estados Unidos, foi enviado para Kamiseya, no Japão, onde permaneceu por dois anos, e levou o carro com ele. Quando retornou aos Estados Unidos, Myrons o deixou guardado durante dez anos; depois, participou de algumas competições moderadas com ele, chamadas autocross nos Estados Unidos. Este não é, já vou logo dizendo, o mesmo tipo de prova realizada na Inglaterra! Em 1989, Myrons foi morar na Inglaterra a serviço e, mais uma vez, levou o carro. Quando voltou para seu país, em 1996, acabou decidindo vendê-lo. Durante todo esse tempo, Myrons não fez nenhuma modificação ou reforma no carro, que permanece quase como quando saiu da fábrica, em 1964.

SONHANDO COM OS CAMPEONATOS MUNDIAIS

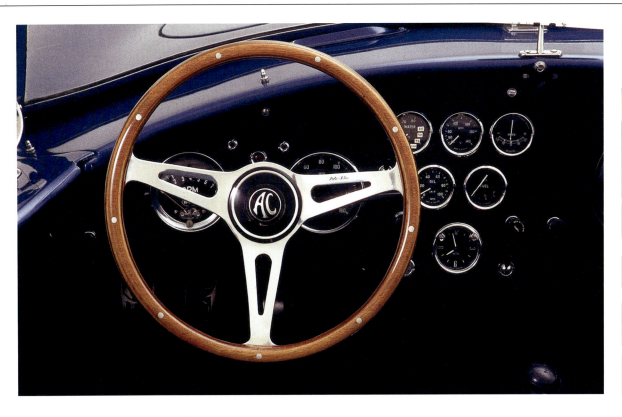

Instrumentos ingleses Smiths, à exceção do conta--giros Rotunda. Pouco tempo depois que este carro foi fabricado, a fábrica adotou instrumentos americanos.

Os carros com pintura na cor verde Vineyard tinham bancos bege ou pretos.

O acabamento original de fábrica deste carro (CSX2312) foi preservado no todo. Apesar de ter tido vários proprietários, sua quilometragem é muito baixa.

75

AC COBRA

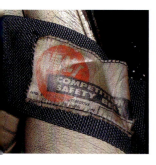

Os cintos de segurança eram originais de fábrica.

Este carro já era equipado com instrumentos Stewart-Warner, além do estranho relógio utilizado no Ford Galaxie. As grades do desembaçador do para-brisa, ausentes nos modelos de corrida, eram em geral pintadas na cor da carroceria.

A abertura do campeonato de GTs de 1964 nos Estados Unidos

Shelby estava disposto a tentar conquistar a taça do GT na abertura da nova temporada do Campeonato Mundial em Daytona, mas preferia não tornar pública sua participação caso o cupê não tivesse boas chances na prova. O carro havia sido testado em Riverside, ainda sem a pintura nas cores da equipe, e os resultados foram bastante promissores, mas, bem, aquilo foi só um teste. Durante os treinos, com os pilotos Dave MacDonald e Bob Holbert, o carro se revelou o mais rápido do circuito, mas o calor na cabine era insuportável. A única saída para reduzir um pouco o desconforto seria abrir mais algumas fendas de ventilação na carroceria.

No começo da prova, apenas o Ferrari GTO de Phil Hill e Pedro Rodriguez conseguia se aproximar do cupê, mas o Cobra acabou se distanciando da formidável dupla. Atrás desses dois carros, Piper, com um GTO, e a dupla Gurney-Johnson, pilotando o Cobra roadster CSX2259, disputava a terceira posição. A vantagem do cupê se ampliou quando surgiram problemas com os dois GTO: o pneu dianteiro do carro de Rodriguez estourou, danificando a carroceria, e o carro da dupla Piper-Bianchi teve de parar no boxe para uma demorada troca de alternador. Seis horas depois do começo da prova, quando a equipe da Shelby já dava a vitória como certa, o carro foi ficando para trás. Bob Holbert parou no boxe para abastecer e disse que havia algo errado com o diferencial. O auxiliar de prova Ohlsen escapou por pouco de sofrer graves ferimentos quando, ao verificar o problema, parte do combustível se derramou e caiu sobre o eixo e freios superaquecidos, incendiando a traseira do carro. Foi salvo graças à rápida intervenção dos inspetores. O fogo foi apagado, mas o carro não pôde terminar a prova porque a fiação e a linha de combustível haviam sido atingidas. Gurney e Johnson conseguiram chegar logo atrás dos cupês Ferrari, que estavam entre os três primeiros, com o carro exalando muita fumaça. O outro novo carro FIA (CSX2260), pilotado por Jo Schlesser e Jean Guichet, havia se retirado da prova, mas dois Le Mans Réplicas (CSX2156 e 2155) chegaram ao final, em sétimo e décimo lugar.

Embora não tivesse terminado sua primeira corrida, todos perceberam que o cupê era um carro e tanto. De lá, ele foi levado para as oficinas, onde seria preparado para a corrida de Sebring, que se realizaria dentro de pouco mais de um mês.

No final de março, Shelby se viu preso a uma cadeira de rodas devido a um problema em uma cartilagem, mas isso não o impediu de ir à Flórida assistir à corrida, em cujos treinos o cupê de novo se mostrou o mais rápido dos GTs. Os dois roadsters da equipe Shelby que correram em Daytona também participaram dessa prova, além de outro carro FIA (CSX2301) e mais alguns Cobras. Sem surpresa, os protótipos Ferrari tomaram a dianteira, embora Holbert, ao volante do cupê, tivesse se mantido à frente durante a primeira volta, acima de 160 km/h. Entretanto, quando faltavam apenas duas horas para o término da corrida, ele era um dos roadsters líderes da classe GT, logo atrás de dois Ferrari 275P e um 330P, chegando até a ficar em terceiro quando este teve de parar no boxe devido a um problema com os faróis.

Havia anoitecido, e o conversível, pilotado por Gurney e Johnson, seguia firme na pista. Logo depois das 21 horas, prestes a passar pelos boxes, o carro colidiu com a traseira de um Alfa Romeo GTZ que seguia lento pela pista, com problemas no câmbio e apenas uma lanterna traseira, quase apagada. O Cobra, que no momento da batida talvez estivesse a cerca de 190 km/h, capotou por cima do Alfa Romeo — cujo tanque de combustível foi perfurado e explodiu em chamas — e acabou destruído. Por incrível que pareça, Johnson, que estava ao volante, saiu andando ileso, enquanto o

SONHANDO COM OS CAMPEONATOS MUNDIAIS

O cupê CSX2287 quase foi destruído em sua primeira corrida.

Em Sebring: o cupê Daytona (2187) e o roadster da equipe (2259), que se acidentaria, prestes a se posicionarem para a largada.

77

AC COBRA

piloto veterano Sanesi foi retirado do Alfa Romeo em chamas por Jocko Maggiacomo, que no ano anterior havia corrido em Sebring com um Cobra. O acidente por pouco não foi fatal, mas os dois pilotos se safaram, e, afinal, carros de corrida podem ser substituídos. O GTZ se consumiu em chamas, e o Cobra destruído voltou para a Califórnia, onde foi despojado do que ainda podia ser aproveitado e, depois, transformado em sucata.

Assim, o Cobra cupê assumiu a liderança, vencendo na classe GT, seguido dos dois outros roadsters da Shelby. O Ferrari de Piper, com Pedro Rodriguez ao volante depois que seu protótipo Ferrari apresentou problemas, ficou em quarto lugar na classe; seis voltas depois estavam Keck e Scott em um dos carros (2027) que correram em Sebring no ano anterior. Antes de se acidentar, o carro destruído da dupla Gurney-Johnson já havia completado um número de voltas suficiente para se classificar em décimo.

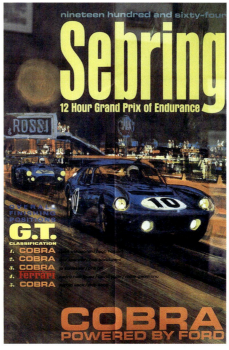

O cupê AC A98

Depois do excelente desempenho do Cobra, que havia se classificado em sétimo lugar na Le Mans em 1963, a AC Cars decidiu criar seu próprio cupê para competir em 1964. A carroceria, desenhada por Alan Turner, era bem diferente daquela que Pete Brock havia criado para os cupês Shelby. Coincidência ou influência, algumas características do desenho de Turner lembravam o Ferrari GTO. Sem considerar a frente — exceto os para-lamas abaulados de leve e os faróis com carenagem —, olhando de certo ângulo o para-brisa, as linhas do teto e as janelas laterais, é fácil perceber as semelhanças. As carenagens no alto dos para-lamas, como as do Mercedes-Benz 300SL, ajudam a tornar o visual lateral bem diferente, mas, visto de quarto-de-traseira, a janela traseira e a parte posterior lembram um pouco o

Abaixo, à direita: *O modelo de madeira do habitáculo do cupê AC A98.*

Abaixo: *O formulário de homologação do Cobra FIA GT para 1964.*

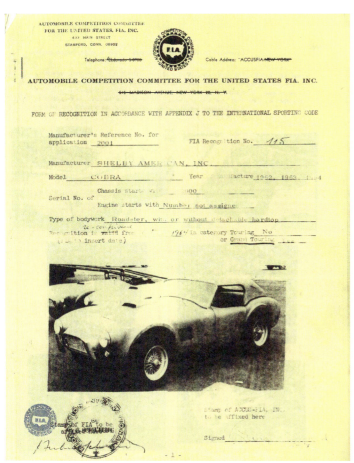

SONHANDO COM OS CAMPEONATOS MUNDIAIS

GTO 1962-63. Afinal, este era o GT mais famoso do mundo na época em que Turner desenhou a carroceria do AC.

Embora o carro utilizasse o chassi com suspensão de feixe de molas do 4,7-litros, ao contrário dos outros Cobras de corrida, seu número de série não pertencia à sequência normal de produção, tendo a designação especial A98.

A carroceria de alumínio foi produzida por Maurice Gomm. Quando o carro voltou à fábrica da AC para receber o acabamento, mal houve tempo de licenciá-lo, como BPH4B, e pagar os impostos, para que pudesse ser levado para Le Mans, sem pintura, para o fim de semana de testes, em abril.

A velocidade máxima cronometrada foi inferior a 250 km/h, acima da qual o carro se tornava instável. Além disso, a ventilação da cabine e dos freios era deficiente. No entanto, como Jean De Mortemat havia conseguido superar a marca de 240 km/h ao volante de um Cobra roadster de série com teto rígido, o A98 teve de ser modificado.

Naquela ocasião, antes do fim de semana na França, não houve tempo suficiente para terminar a instalação dos dutos de ar para a cabine e os freios. O trabalho foi então concluído com aberturas de ventilação atrás das janelas laterais para tirar o ar quente da cabine. O sistema de refrigeração criado por Turner, no qual o ar entrava por um duto de admissão localizado na parte inferior dianteira, passava pela colmeia do radiador, seguia depois para baixo e para trás do cárter — o qual se estendia por baixo da bandeja —, foi eliminado por ser uma das possíveis causas da instabilidade dianteira do carro. Para resolver o problema, o capô passou a contar com uma grande abertura, através da qual o ar passava por cima do motor. A estabilidade traseira melhorou após a instalação de um aerofólio.

Depois disso, não se ouviu mais falar do modelo até junho, quando os jornais britânicos publicaram a notícia de que um carro, fabricado por uma empresa inglesa pouco conhecida, havia sido visto trafegando em alta velocidade. A AC Cars tinha conseguido aumentar sua velocidade máxima em 50 km/h. A fábrica julgou que o melhor e mais seguro lugar para testá-lo seria a nova autoestrada M1, que naquela época costumava estar quase deserta entre 3h30 e 4h de uma noite de verão. Com isso, o carro passou a ser chamado "AC M1" pelo resto de sua breve existência, e os jornais criticaram muito os responsáveis pela imprudência. No entanto, a imprensa automobilística se mostrou mais ponderada ao lembrar que boa parte dos motoristas em geral tolerava práticas muito mais perigosas do que um mero pisar fundo no acelerador, e que, afinal, faltavam locais apropriados para testes no país. Por conta disso, segundo se diz, o governo teria decidido adotar um limite de velocidade de 110 km/h, que passou a vigorar dois anos depois e continua vigorando até hoje. Antes disso, os sedãs em geral não excediam muito os 110 km/h, mas, se o fizessem, estariam dentro da lei, enquanto hoje muitos carros daquelas mesmas marcas de então ultrapassam o dobro daquela velocidade, embora de forma ilegal.

Poucos dias depois o cupê voltaria a ocupar as manchetes — não como o grande vencedor da Le Mans, mas por ter se envolvido em um terrível acidente durante essa corrida.

O A98 estacionado em Le Mans durante os testes realizados no primeiro semestre.

Alan Turner ao lado de seu cupê, pintado na cor verde British Racing, a predileta da AC e Aston Martin. O local onde a foto foi realizada não era dos mais adequados.

79

AC COBRA

Os carros que participariam da corrida de Targa Florio eram novos, recém-chegados dos Estados Unidos. Na foto, Dan Gurney, sentado no 2323, com Innes Ireland e Jerry Grant.

O 2260 no paddock, ao lado de um Alfa Romeo, que terminaria em último lugar, como o 24º colocado.

A equipe vai à Europa

Quaisquer dúvidas que Shelby porventura tivesse de que seus carros poderiam vencer os Ferrari em sua principal prova caíram por terra depois do desempenho dos Cobras em Sebring. Afinal, naquela ocasião, até mesmo um dos seus roadsters 4,7-litros havia deixado os GTO para trás, até sofrer aquele acidente.

No final de março de 1964, os jornais disseram: "Depois de vencer a Ferrari em duas corridas do campeonato de GT [Daytona e Sebring], Carroll Shelby anunciou sua intenção de participar das competições desta temporada na Europa, e acredita que pode chegar à vitória. Este é o segundo ano em que ele participa de competições; a Ferrari obteve nove das onze vitórias".

A série de eventos começava com Targa Florio, no final de abril, até Bridgehampton, nos Estados Unidos, onde Gurney, ao volante do CSX2137, havia sido vencedor na classe GT pela primeira vez. Aquilo representaria, no mínimo, um grande esforço de logística.

Os restantes quatro roadsters Cobra da Shelby American foram despachados para Targa Florio, e Tommy Hitchcock levou seu Le Mans Réplica (CSX2155), por certo motivado por suas duas classificações em Daytona e Le Mans. Seu copiloto era o príncipe Zourab Tchokotoua, que havia sido seu parceiro no ano anterior, quando correram com um Ferrari GTO.

Apesar da suspensão não muito adequada ao pavimento irregular das estradas da Sicília, os Cobras se saíram bem nos treinos, e durante várias voltas da corrida deram a impressão de que poderiam vencer em sua classe, ou até mesmo na geral. Na segunda volta, Dan Gurney e Jerry Grant estavam em terceiro lugar com o CSX2323, mas foram ficando para trás quando a segunda e a quarta marchas engriparam. Grant, por sua vez, conseguiu chegar à segunda posição na sexta volta. Hill e Bondurant vinham pouco atrás, em quarto, e os italianos Vito Coco e Vincenza Arena estavam em quinto lugar. O outro carro da equipe, com a dupla Innes Ireland e Masten Gregory, havia ficado para trás depois de uma longa parada no boxe para a troca do radiador, e Hitchcock se envolvera em uma colisão na terceira volta. O príncipe assumiu o volante do Le Mans Réplica e conseguiu chegar ao final, embora depois do tempo regulamentar, mas Gregory teve de deixar a prova na sétima volta, depois de sofrer um acidente com o 2260. O único carro da equipe a terminar a corrida, apesar da suspensão danificada, foi o 2323, em sexto lugar geral e segundo na classe GT, atrás de um Ferrari GTO. O carro da dupla Hill-Bondurant não terminou a prova por conta de um defeito na suspensão; Coco e Arena também tiveram de desistir quando a mangueira de óleo se rompeu.

Assim, com os carros danificados, mas sem perder o ânimo, a equipe Shelby voltou

SONHANDO COM OS CAMPEONATOS MUNDIAIS

Shelby e Gurney durante uma conversa. O carro atrás deles é o 2345.

Shelby observa enquanto Ireland, ao volante do 2260, espera o momento de voltar ao treino. Os para-lamas traseiros haviam sido amassados por pedras.

81

O 2301, com Vito Coco ao volante, era o único carro da equipe em Targa Florio equipado com o protetor contra respingos de combustível.

Enquanto o 2323 de Gurney era reabastecido, Grant aguardava na mureta do boxe. Numa prática incomum, os prestimosos encarregados de abastecimento utilizaram dois bicos ao mesmo tempo.

SONHANDO COM OS CAMPEONATOS MUNDIAIS

John Wyer e Carroll Shelby eram velhos conhecidos. Foi Wyer, quando era chefe da equipe Aston Martin, o primeiro a perceber a habilidade de Shelby ao volante, no final de década de 1950, quando o admitiu como piloto da fábrica. Em 1964, quando a Aston deixou de participar de corridas, Shelby encarregou Wyer dos assuntos relacionados à Europa. Aqui, Wyer aparece pensativo ao volante do 2345, que seria pilotado por Bondurant nesta prova em Spa.

ao continente, onde enfrentaria seu próximo desafio, a prova 500 km de Francorchamps, no circuito de alta velocidade de Spa, na Bélgica. Esse era o tipo de circuito que se tinha em mente quando os cupês foram concebidos e, portanto, foi constrangedor saber que apenas um desses modelos havia sido concluído. A velocidade máxima dos roadsters era insuficiente para que eles tivessem qualquer chance de vencer os demais GTs naquela prova.

Nos treinos, o cupê mostrou um desempenho à altura das expectativas, atingindo velocidades em torno de 200 km/h. Depois de uma de suas incríveis largadas, houve um problema no sistema de alimentação de combustível, obrigando Phil Hill a parar no boxe. O problema reapareceu logo depois e, após três paradas, os pedaços de pano que, sabe-se lá como, tinham ido parar no sistema foram removidos, quando o carro já estava várias voltas atrás. No entanto, apesar do seu recorde de velocidade na classe GT, a 207 km/h, Hill não conseguiu se classificar. Foi uma vitória arrasadora dos Ferrari, com modelos GTO nos quatro primeiros lugares. Os Cobras se classificaram em sexto (CSX2345), oitavo (CSX2301) e 11º (CSX2323).

Havia apenas mais uma corrida antes da Le Mans, a ADAC 1.000 km, no circuito de Nürburgring e, como o cupê que havia corrido em Spa estava sendo preparado para Le Mans, somente os roadsters participariam da prova. Como o carro com o qual Masten Gregory se acidentara na Sicília (CSX2260) ainda não havia sido reparado, seria bom contar com os dois carros da Willment e o de Hitchcock, que

Acima, à esquerda: *Só Gurney e Grant terminaram a prova, com o 2323.*

Acima, da esquerda para a direita: *Fred Gamble (da Pneus Goodyear), John Wyer, Innes Ireland, Phil Hill e Bob Bondurant, com Phil Remington sentado no 2323.*

83

AC COBRA

O CSX2287 em Spa.

Abaixo, à direita: Innes Ireland no 2323.

À direita, da esquerda para a direita: Phil Remington, Carroll Shelby, Bob Bondurant, Jochen Neerpasch e Dickie Attwood sentados na carroceria de alumínio do 2301. Felizmente, a carroceria aguentou bem o peso de todos eles...

À extrema direita: Alinhados para a largada, com o 2345 em primeiro plano. O carro que chegaria em segundo lugar e venceria na classe GT é o Ferrari GTO nº 83 (o quarto na foto, depois do Cobra).

SONHANDO COM OS CAMPEONATOS MUNDIAIS

O CSX2301 não tinha os abaulamentos na tampa do porta-malas para acomodar a "maleta" da FIA.

correria por conta própria. Entretanto, após os treinos, restaram apenas um carro da Willment e um roadster, pois Arena batera o CSX2323 em uma árvore, danificando-o muito e ferindo-se bastante.

Os Cobras não tiveram muita sorte na prova. O carro restante da Willment pegou fogo logo após a largada, Hitchcock colidiu com um Jaguar na terceira volta, os dois carros da Shelby vinham muito atrás, e o motor do carro de Bondurant e Neerpasch quebrou na 13ª volta. Assim, restou apenas a dupla Schlesser e Dickie Attwood. Apesar do grande esforço na última parte da corrida, depois de uma longa parada no boxe para reparos, e de chegarem à liderança na classe GT 3-litros, eles terminaram a prova em 20º lugar na classe GT, perdendo até para os Simca-Abarths 1.300 cm³. Contudo, Shelby e sua equipe estavam apostando suas fichas na Le Mans, na qual os cupês, que já estavam quase prontos, haveriam de ser reconhecidos.

Schlesser ao volante do 2301 em Nürburgring.

Na outra página: Os dois cupês no boxe, com Jack Hoare, mecânico da Shelby, fazendo a inspeção final no 2299. Compare os dois tipos de para-lamas traseiros: as extensões rebitadas da parte inferior da carroceria foram substituídas por pequenas polainas, mais elegantes.

Bob Bondurant, Chris Amon, Jochen Neerpasch, Dan Gurney e Carroll Shelby avaliam suas chances.

À direita: Amon na curva Tertre Rouge, pouco depois da largada com o 2287. Observe como o teto deste cupê é mais convexo que o do carro de Bondurant, aquele que havia sido produzido por acidente com a linha da cintura alta em excesso.

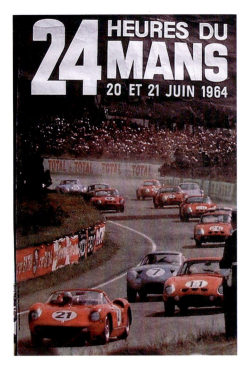

Le Mans 1964

Às 16h, três cupês e um roadster Cobra, que era um dos dois carros de reserva, estavam alinhados diante dos boxes para a largada da prova de resistência Le Mans de 1964. Uma corrida desprezada por alguns e detestada por outros, mas também apreciada por muita gente, que retornava todos os anos e, em especial, importante para muitos americanos.

O número 3 era o já famoso cupê da AC Cars com o chassi A98, pilotado por Peter Bolton e Jack Sears. O número 5 foi atribuído ao cupê Daytona, inscrito pela Shelby American (CSX2299), com Bob Bondurant e Dan Gurney ao volante. Outro cupê Daytona, inscrito por Briggs Cunningham com o nº 6, ficou a cargo de Chris Amon e Jochen Neerpasch. O carro nº 64 era um roadster 4,7-litros de série (COX6010), praticamente original, com teto rígido, tanque de combustível de maior capacidade, radiador de óleo e tomadas de ar para os freios, e foi pilotado pela dupla francesa R. De Mortemart e R. Fraissinet. (Este no lugar do piloto inscrito J. C. Magne.)

O Automobile Club de l'Ouest havia estabelecido que as posições de largada para a prova de 1964 seriam decididas de acordo com os tempos verificados nos treinos. O melhor tempo havia sido o de um protótipo Ferrari, com 3 min e 42 s, superando em mais de 3 segundos o mais rápido dos Ford GT40. O Cobra nº 5 obteve o melhor tempo do seu grupo, com 3 min e 56,1 s, e o carro inscrito pela AC foi apenas 2 segundos mais lento; o outro cupê Daytona não conseguiu ficar abaixo da marca dos 4 minutos. Embora tivesse um motor menos potente e uma relação mais longa que a dos dois cupês Daytona, o A98 se mostrou à altura dos carros da Shelby, tanto nos treinos quanto na corrida. A pesagem oficial revelou também que ele era o mais pesado dos quatro AC, com 1.125 kg, enquanto os cupês pesaram 1.108 kg e 1.107 kg, e o roadster, com 1.084 kg, era o mais leve de todos. Os dois franceses, cujo melhor tempo com o roadster foi 4 min e 43 s, estavam bem atrás.

Este foi o ano da tão esperada competição entre a Ford e a Ferrari, com três GT40 e oito Ferrari na classe dos protótipos, e os quatro Cobras contra quatro Ferrari GT; uma corrida que contou com um recorde de 300.000 espectadores.

Pedro Rodriguez arrancou à sua maneira clássica, com a traseira ziguezagueando em meio à cortina de fumaça azulada que saía dos pneus. Ele manteve a dianteira até o final da primeira volta, quando foi avisado pelos inspetores de prova de que seu carro apresentava um vazamento de óleo. O filtro de óleo do Ferrari de David Piper havia se rompido, mas a reposição logo no começo da prova não era permitida, e o carro foi eliminado. A corrida foi retomada com um dos Ford na dianteira e Jack Sears liderando os Cobras, quando teve de parar no boxe para a limpeza do para-brisa.

O GT40 na liderança, pilotado por Richie Ginther, começou a se distanciar

Bondurant se inclina para trás a fim de evitar os reflexos do sol nos olhos, na curva Tertre Rouge. Diferentemente do cupê original, que tinha dois limpadores de para-brisa, neste novo carro havia apenas um. O teto mais achatado deste modelo, consequência de um descuido durante sua fabricação, não afetou seu desempenho, pois ele era o mais rápido dos Daytonas e venceu a maioria das corridas.

O cupê 2287, prestes a ser ultrapassado pelo vencedor, que conseguiu deixá-lo para trás na reta Mulsanne, cujo começo estava logo depois desta curva.

dos Ferrari e chegou a bater duas vezes o recorde de tempo em sua investida inicial. No entanto, depois da primeira parada para reabastecimento, acabou ficando atrás do 330P de John Surtees porque a equipe do boxe da Ferrari havia terminado o abastecimento com uma vantagem de 40 segundos.

Pouco depois das 19h30, o cupê AC parou para o abastecimento de rotina, saindo em seguida com Peter Bolton ao volante, mas retornou depois de uma volta, com problemas no sistema de combustível. Os mecânicos levaram 20 minutos para descobrir a causa do problema: havia um pedaço de papel no filtro de combustível, o que fez com que o carro sofresse um atraso considerável. Havia começado a escurecer e, depois de outra volta, Bolton teve de parar de novo no boxe devido a um problema com os faróis, atrasando-se mais uma volta.

Ao crepúsculo, do outro lado do circuito, o Ford de Attwood começou a expelir fumaça e, em seguida, pegou fogo, tendo de deixar a prova; ele, porém, escapou ileso. O 330P de Rodriguez (cujo copiloto era Skip Hudson) foi o próximo a abandonar a corrida, quando a junta do cabeçote se rompeu, e uma hora depois os Ford sofreram mais uma baixa, desta vez por problemas no câmbio do GT40 que estava em primeiro lugar.

Os dois cupês Daytona seguiam normalmente, em quarto e quinto lugares, liderando na classe GT e muito adiante do único GT40 remanescente, embora atrás dos Ferrari, que estavam na dianteira. Logo depois da 22 horas, o posto de observação 111 informou uma colisão entre o cupê AC de Peter Bolton e o Ferrari 275P pilotado por Giancarlo Baghetti. Sua última parada no boxe, para reabastecimento, foi às 21h26 e durou apenas dois minutos, pois não houve necessidade de trocar os pneus. Ao retomar a prova, Peter Bolton constatou

SONHANDO COM OS CAMPEONATOS MUNDIAIS

que, mesmo à noite, conseguia manter uma média superior a 190 km/h, o que era um alívio depois do problema com a linha de combustível ocorrido no começo da noite.

Entretanto, meia hora depois, um pneu de seu carro estourou na 78ª volta, entre as curvas Arnage e White House, resultando em uma violenta colisão. Ambos os carros ficaram destruídos, mas os pilotos escaparam apenas com ferimentos superficiais. Pouco depois, no entanto, surgiu a notícia de que o Ferrari havia atingido três jovens espectadores, que assistiam à corrida de um local proibido.

Em vista das mortes ocorridas, as autoridades francesas tiveram de apreender o carro para submetê-lo a exames periciais. Houve insinuações de que o diferencial de deslizamento limitado teria travado, mas depois o carro destroçado foi restituído à AC Cars,

A última parada do nº 5 no boxe.

89

que acabou desistindo de repará-lo, e também de participar de competições por conta própria.

Cerca de uma hora depois, o CSX2287 parou no boxe por meia hora para reparos no alternador. Mal o carro saiu do boxe, o outro Daytona parou para reabastecimento e substituição das rodas traseiras, o que foi feito em apenas dois minutos. Pouco depois da uma da tarde, o CSX2287 voltou ao boxe para mais uma tentativa de conserto do alternador; porém, ao cabo de uma hora, a bateria teve de ser substituída. Essas infrações ao regulamento, que implicavam a desclassificação imediata, eram o que os inspetores de prova viviam procurando pelos boxes.

Depois de treze horas de prova, o Daytona restante chegou à terceira posição, seguido do também único GT40, que acabou parando por conta de problemas no câmbio, a exemplo do ocorrido com outro carro da equipe.

Ao parar no boxe para reabastecimento e troca de óleo e das pastilhas de freio, o Daytona foi ultrapassado por um dos protótipos Ferrari, voltando ao quarto lugar. No domingo pela manhã, surgiu um vazamento de óleo que o obrigou a parar no boxe para reparos no radiador de óleo, um procedimento que consumiu muito tempo. Com isso, foi ultrapassado por um Ferrari GTO, perdendo a liderança da classe GT e, duas horas depois, após mais uma longa parada no boxe, acabou eliminado da prova.

Daí em diante, nas seis horas restantes, os quatro primeiros carros mantiveram suas posições. Quando faltava pouco menos de uma hora para o término da corrida, o Ferrari que estava na liderança, pilotado por Guichet e Vaccarella, quebrou o recorde de distância e, na chegada, às 16h, eles haviam percorrido um total de 4.695 km. Em seguida, chegaram dois outros protótipos Ferrari e o Cobra Daytona, com 4.492 km percorridos, vitorioso na classe GT. Logo atrás vieram dois GTO, com o mais bem colocado deles apenas 21 km atrás.

Os dois franceses do Cobra roadster tiveram uma participação razoável, sem grandes percalços, terminando em 18º lugar na classificação geral e 11º na classe GT. Nada de excepcional, mas, pelo menos, terminaram a corrida.

Stirling Moss entrevista os vitoriosos da classe GT, Gurney e Bondurant. Atrás deles está Carroll Shelby.

O "carro de Ken Miles"

Desde o início de seu envolvimento com os Cobras, Ken Miles talvez tenha sido quem mais contribuiu para o desenvolvimento de suas versões de corrida. Talentoso como poucos, Miles era engenheiro de desenvolvimento, mecânico, piloto de provas e de corridas. Ele entrou na organização Shelby como diretor de competições, mas sua atuação foi muito mais ampla.

Em 1964, a AC Cars produziu uma série de Cobras com as mesmas especificações dos carros FIA, destinados a competir nas corridas do USRRC. Os carros eram o CSX2431, 2488, 2494, 2513, 2557 e 2558, e o primeiro deles foi despachado no final de abril. Ken Miles, auxiliado por Charlie Agapiou (que já tinha trabalhado para ele antes e havia passado a trabalhar na Shelby), começou a preparar o CSX2431 para a próxima temporada, além de modificá-lo muito. Desde sua primeira corrida, em junho, em Watkins Glen, onde participou do Campeonato de Fabricantes, até a última ocasião em que competiu na equipe, em Laguna Seca, em maio de 1965 (quando também venceu o Campeonato de Fabricantes), o carro foi pilotado apenas por Ken Miles. A única exceção ocorreu em abril de 1965, em Pensacola, quando se classificou em segundo na classe GT, com Bob Johnson ao volante.

Este carro tinha algumas características especiais, resultantes de aprimoramentos constantes e experiências feitas por Miles e Agapiou. Entre elas, destacam-se a suspensão modificada com braços triangulares e juntas Heim em conjunto com molas mais curtas. Miles preferia barras estabilizadoras mais finas, com 16 mm na traseira e 17 mm na frente, também com juntas Heim. No carro foram testados, pela primeira vez, outros equipamentos desenvolvidos para competições, como discos de freio perfurados e o arranjo de carburadores Weber, que depois passou a ser utilizado nos Cobras de 4,7 litros. Com isso, o CSX2431 se tornou o carro mais avançado daquele lote.

Ninguém se importava muito com antigos carros de corrida e, apesar de toda a

Os pilotos e demais integrantes da equipe Shelby utilizavam peças de uniforme como camisetas e jaquetas, em geral com seus prenomes ou apelidos bordados. Esta é uma das jaquetas de Ken Miles, ao lado do seu capacete Bell. Sempre diferente, ele mandou instalar no 2431 um banco de passageiro do qual gostava e que havia utilizado em um dos seus antigos Porsche de corrida. Ele dizia que seu banco era mais leve do que o de série do AC.

AC COBRA

O CSX2431 será sempre lembrado como o "carro de Ken Miles".

À extrema direita: No fim de semana de 8 e 9 de agosto de 1964, pilotando o 2431, Ken Miles venceu o Campeonato de Fabricantes e se classificou em quinto lugar na corrida Meadowdale do USRRC.

Abaixo, à direita: O 2431 durante o preparo na oficina da equipe de competições Shelby.

AC COBRA

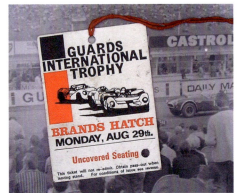

glória daquele ano de competições do USRRC, no final de 1965 o CSX2431 e outros Cobras foram alugados aos estúdios MGM para que fossem usados em filmagens. Em 1966, o carro foi "recuperado" pelo piloto amador Eric Hauser, que o levou para a Inglaterra e o pintou com a estranha combinação de cores roxa e amarela. Eu o vi uma vez, na corrida preparatória para a prova Guards Trophy, quando foi superado por modelos 250LM e GT40. Ken Miles havia morrido doze dias antes quando, ao testar um protótipo Ford GT40 J, sofreu um acidente causado por um defeito no chassi.

Embora tendo morado nos Estados Unidos durante mais de dez anos, Ken Miles permaneceu associado ao British Racing Driver's Club, cujo emblema, fixado à porta do seu carro, ele ostentava com orgulho.

SONHANDO COM OS CAMPEONATOS MUNDIAIS

Miles considerava os instrumentos Jaeger os melhores que havia, e instalou um conta-giros dessa marca no 2431. Como suas dimensões eram diferentes, foi necessário modificar o painel.

AC COBRA

O chassi e a estrutura da carroceria dos carros FIA e USRRC, com portas "encurtadas", eram modificados com base no modelo de série com os mesmos métodos: uma parte era feita pela AC durante o processo inicial de fabricação e o restante nas instalações da Shelby. Este é o chassi básico do CSX2488, visto de trás. No início, ele foi utilizado em competições, sendo depois vendido a Dan Gerber. Estas fotos ilustram também de modo geral como se fazia a montagem dos carros de rua.

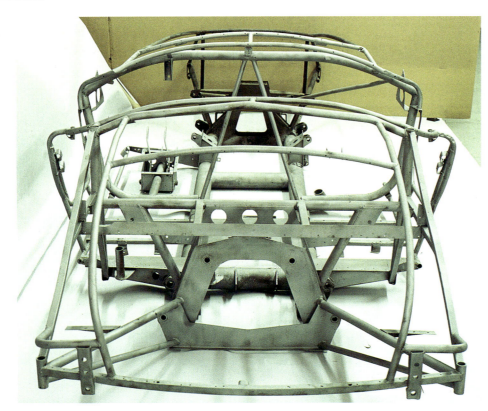

O suporte da barra de proteção fixado ao arco do painel.

Os vãos originais das portas foram modificados com o acréscimo de seções de tubos curvos. Como os suportes das dobradiças das portas já haviam sido fixados, houve a necessidade de cortá-los. Em seguida, novos suportes foram soldados aos tubos acrescentados. Também é fácil identificar as bases da barra de proteção, o suporte da bomba do radiador de óleo do diferencial e os furos de fixação do protetor do cardã na travessa. O radiador de óleo do diferencial era instalado abaixo das travessas do chassi. Um dos seus suportes de fixação aparece abaixo e para dentro em relação ao ponto do braço triangular dianteiro esquerdo, em frente ao qual há um furo de fixação do cinto de segurança.

No foto, aparecem os pontos de apoio dos macacos de competição e as barras de aço soldadas à parte superior da torre da suspensão.

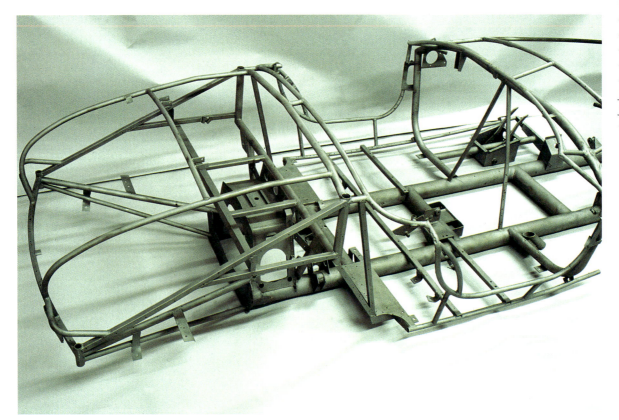

SONHANDO COM OS CAMPEONATOS MUNDIAIS

O motor 4,7-litros de competição com cárter Aviad e arranjo Weber posterior.

AC COBRA

SONHANDO COM OS CAMPEONATOS MUNDIAIS

Na página ao lado:
Bob Johnson com o 2189 na prova SCCA National Sprints, realizada no circuito de Road America, em Elkhart Lake, em junho de 1964. Ele se classificou em primeiro em uma prova Classe A de Produção.

Dan Gerber se classificou em segundo lugar na Classe A/P ao volante de seu Le Mans Réplica, 2138, atrás de Johnson.

O CSX2026 tinha um longo histórico de participação em corridas, e foi o primeiro Cobra a vencer uma prova, em Riverside, com Dave MacDonald ao volante. Na época desta foto, pertencia a Jerry Hansen e não conseguiu terminar esta corrida.

99

AC COBRA

Tom Payne, ao volante do 2430, obteve a terceira colocação na prova Campeonato de Fabricantes, em Meadowdale, em 9 de agosto de 1964. Este era um dos carros "de fábrica" cujo preparo era bancado pela Ford para uns poucos felizardos, como Payne. A conversão desses carros para corridas era feita na Shelby American, com o custo do serviço faturado contra a Ford, e Roy Geddes providenciava o pagamento.

O CSX2051 pertencia a Pat Manning, que o equipou com um motor 4,7-litros. Ele se classificou em nono lugar na prova Campeonato de Fabricantes, em Meadowdale.

USRRC

Embora em 1964 Shelby tivesse chegado aos circuitos europeus, as corridas do US Road Racing Championship (USRRC), realizadas em todos os Estados Unidos, ainda eram importantes para ele — afinal, foi lá que ele começou sua carreira e onde, depois, surgiram os Cobras.

O começo do primeiro campeonato dos Estados Unidos, em 1963, não havia sido fácil, pois Phil Remington e sua equipe tiveram dificuldades com o desempenho dos carros. Entretanto, nas provas finais, eles derrotaram os Corvettes, seus principais adversários, e a disputa acabou restrita aos próprios Cobras. Dizem até que a ordem de chegada teria sido decidida na base do cara ou coroa.

SONHANDO COM OS CAMPEONATOS MUNDIAIS

Um carro de equipe no USRRC em Meadowdale. Não pode ser o 2431, pois seu painel é de série. Imagino que seja o então recém-produzido 2494, cujo motor seria amaciado ali.

O caminhão da Shelby, ao fundo, levou dois carros novos para a prova Road America 500, em setembro de 1964. O CSX2494, de número 97, foi pilotado por John Morton, Skip Scott e Ken Miles, ficando em segundo lugar no geral e em primeiro na classe GT. Imagino que o outro carro seja o 2488, utilizado apenas nos treinos.

101

Wayne Pierce, Ken Miles e Dan Gerber durante uma conversa.

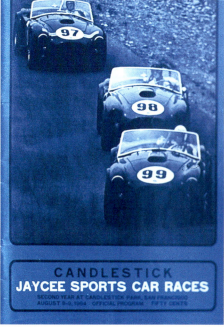

SONHANDO COM OS CAMPEONATOS MUNDIAIS

Um ano depois, o CSX2494 retornou para a corrida Road America 500, quando foi pilotado por Bob Johnson. Terminou a prova em 12º lugar na classificação geral e em segundo na classe GT. Naquela ocasião, foi levado para o circuito de uma forma pouco convencional.

Em 1964, a Shelby American ganhou o troféu da categoria "fabricantes acima de 2 litros" do US Road Racing Championship (USRRC) do Sports Car Club of America.

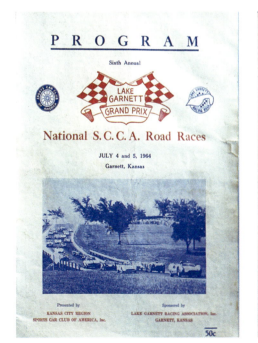

Além dos pilotos e carros de equipe, havia gente talentosa correndo por conta própria, como Bob Johnson, Tom Payne e Dan Gerber, que eram patrocinados pela fábrica e se tornaram pilotos oficiais. Os Cobras foram imbatíveis na classe GT de 26 de maio de 1963, quando ganharam a corrida do USRRC em Pensacola, até o final de 1965, e ainda venceram de forma tranquila o campeonato de grandes cilindradas.

Em 1965, apesar de estar atarefado com o programa GT40, Shelby teve disposição para formar uma equipe e apoiar os independentes na série do USRRC. Estas cenas de paddock ilustram o espírito daqueles eventos.

103

AC COBRA

O cupê Willment

Quando soube que a organização Shelby, na Califórnia, estava produzindo algumas versões cupê do Cobra de corrida com chassi de feixe de molas, John Willment decidiu tentar conseguir um deles para sua equipe de competições. Aquele carro era a solução para superar o chamado efeito "muralha", que ocorria quando os roadsters passavam de 240 km/h. Embora ele e Carroll Shelby fossem conhecidos, talvez fosse demais querer que ele lhe vendesse um daqueles modelos, mas não custaria nada perguntar.

A resposta foi negativa, mas Shelby concordou em lhe enviar alguns desenhos do carro, além de John Ohlsen, que havia trabalhado nos cupês Daytona.

John Willment mantinha um ótimo relacionamento com a AC Cars, e conseguiu que ela lhe fornecesse um chassi apropriado para a construção de seu cupê, direto de Thames Ditton. No entanto, apesar de novo, o chassi havia sido fabricado com algumas especificações do roadster, o que obrigou a remoção de parte do subchassi. Isso foi necessário porque o arco tubular do painel do roadster era diferente do utilizado nos cupês Daytona, embora o cupê Willment também fosse um pouco diferente da versão Shelby. O arco do painel do roadster e as barras diagonais de

O cupê Daytona na concepção de John Willment.

SONHANDO COM OS CAMPEONATOS MUNDIAIS

Quase no final de sua bem-sucedida carreira nas pistas, Willment providenciou um novo capô para o carro, com o bico mais acentuado, e substituiu a janela traseira inclinada por uma menor, vertical, logo atrás do piloto. O espaço deixado pela antiga janela foi preenchido com uma estrutura de alumínio de estilo hatchback.

pequeno diâmetro ligadas à torre da suspensão dianteira foram então removidos, além dos tubos traseiros de sustentação da carroceria. Essas eram as únicas partes da estrutura da carroceria que já haviam sido adicionadas ao chassi quando a AC o entregou, e nenhuma delas era necessária à fabricação do cupê. A caixa do pedal também foi modificada, com a remoção do tubo de suporte de ambos os lados, substituídos por um método de fixação diferente. O mais adequado seria fazer uma caixa de pedais nova, já que parte dos tubos desnecessários não pôde ser retirada, mas e daí? Afinal, aquele era um carro de corrida...

Os coxins do motor foram encurtados de leve, com o acréscimo de uma travessa tubular para permitir que o motor ficasse em uma posição mais baixa. Além disso, alguns tubos de pequeno diâmetro foram instalados como reforço estrutural do chassi. Como Willment preferia que os tubos sempre fossem soldados com bronze, as partes acrescentadas ao chassi foram fixadas dessa forma.

Para o ajuste da suspensão dianteira, as chapas de posicionamento das molas na

parte superior da torre da suspensão sofreram modificações a fim de permitir um movimento para a frente e para trás. Com o aumento da extensão do braço triangular inferior, que foi cortado e unido de novo — um processo inadequado —, a cambagem traseira do chassi se tornou negativa. No entanto, não sei se isso foi feito no começo da montagem ou depois, para o ajuste do carro.

A carroceria foi montada sobre uma estrutura tubular de aço, como as dos roadsters e cupês Shelby. Dois ex-funcionários do setor de carrocerias da Aston Martin, que haviam passado a trabalhar para a Willment, produziram os painéis de alumínio. Embora o cupê Willment fosse parecido com o Shelby, seu visual era mais insinuante devido à traseira mais alta e ao teto mais baixo — que foi produzido assim por conta de uma divergência de interpretação das normas internacionais de construção de carrocerias GT por parte da Willment em relação à de Pete Brock, que havia projetado os cupês Shelby. No início, depois de pronto, o modelo tinha uma janela traseira integral, nivelada, com a frente do capô mais inclinada. Depois, quando já participava de corridas, o carro ganhou uma janela menor, vertical, e um capô de formato mais aerodinâmico.

Quando a equipe Willment inscreveu seu cupê na corrida *Autosport* Three-Hour, em Snetterton, no dia 26 de setembro de 1964,

SONHANDO COM OS CAMPEONATOS MUNDIAIS

não tinha ideia das péssimas condições climáticas que o piloto Jack Sears enfrentaria no início daquela atribulada corrida de estreia. Pouco antes da largada, um temporal inundou o circuito da antiga pista de pouso, e a corrida começou em meio a uma nuvem de respingos, com os carros patinando e deslizando na primeira volta. Roger Mac logo tomou a dianteira com seu Jaguar E-type, mas meia hora depois, quando a pista secou, Jack Sears pôde andar mais rápido com o cupê, ultrapassando o Jaguar. Depois de mais algumas voltas, o sol apareceu, e os pilotos ao volante dos carros mais potentes saíram atrás de Sears. Nenhum deles, porém, conseguiu ultrapassá-lo, e outros tiveram de abandonar a prova devido a acidentes ou panes. Por um breve momento, quando parou para reabastecer, ele perdeu a liderança, mas a retomou pouco antes de a pista ser tomada por uma densa neblina, o que obrigou que a corrida fosse encerrada 15 minutos mais cedo. Jack Sears venceu com mérito a prova.

A Willment, que já havia participado de corridas na África, inscreveu o cupê na prova

107

Em Kyalami, em novembro de 1964.

O pneu traseiro foi rasgado até a lona ao estourar durante a prova Rand Nine Hours, em Kyalami. Olthoff disse apenas: "Eles demoraram demais".

Rand Nine Hours, no circuito de Kyalami. Seu adversário principal era David Piper, o vencedor nos dois últimos anos com um Ferrari GTO. Neste ano, entretanto, ele participaria com um 250LM, e entre outros fortes competidores haveria o GTO com o qual ele havia corrido antes. O cupê, portanto, não era um dos favoritos. E, devido a uma série de problemas, os dois pilotos, Olthoff e Sears, se atrasaram demais.

Primeiro, com Olthoff ao volante, um pneu traseiro estourou, fazendo o carro sair da pista, indo parar num lamaçal após virar de lado e parar na posição normal de novo. Os mecânicos foram até lá e trocaram o pneu; em seguida o AC parou no boxe, para substituir os outros três pneus e eliminar um vazamento no tanque de combustível. O cupê voltou à pista com Sears ao volante, mas logo teve de retornar ao boxe para uma nova substituição da roda traseira, e depois, mais uma vez, para a troca do rolamento de uma das rodas dianteiras — um problema com certeza decorrente daquela saída da pista. Embora tivesse terminado em quinto lugar, o cupê ficou quase 50 voltas atrás de Piper e cerca de 40 atrás do GTO, que se classificou em segundo.

No Grande Prêmio da Rodésia, em 29 de novembro de 1964, havia duas corridas das quais o cupê podia participar, e a equipe Willment se dirigiu para Bulawayo, no norte. A corrida de abertura daquele dia, para carros esporte de vários tipos, GTs e turismo, consistia em dezesseis voltas, e Bobby Olthoff quase a venceu com o grande cupê, ficando atrás apenas do Lotus 30 de David Prophet. À tarde, o cupê apresentou problemas e teve de abandonar a segunda corrida do dia.

Em seguida, Olthoff participou com o cupê da prova preparatória para o Grande Prêmio Rand, mas a mangueira de água se rompeu logo na primeira volta. No entanto, outro carro da Willment, um Brabham-BRM, pilotado por Graham Hill, venceu o Grande Prêmio.

Como em janeiro de 1965 haveria duas corridas nas quais o cupê teria boas chances de vencer, a equipe da Willment decidiu passar o Natal por lá, aproveitando o clima agradável para deixar o carro em ordem. A decisão de permanecer no continente foi recompensada com duas vitórias de Bob Olthoff ao volante do cupê, na prova East London Sports and GT, e na corrida Killarney Sports and GT. Olthoff lembra que, naquela época, testou o carro na pista de pouso principal do aeroporto da Cidade do Cabo — talvez tentando bater o recorde de velocidade da África do Sul — e constatou sua excelente estabilidade a cerca de 320 km/h.

De volta ao Reino Unido, o cupê participou da prova Sussex Trophy, em

Goodwood, na segunda-feira de Páscoa, classificando-se em segundo, atrás de Roger Mac com o Cobra da Chequered Flag, que antes pertencera a Atkins. A corrida Tourist Trophy, em 1º de maio de 1965, era realizada em duas etapas, e o carro, desta vez pilotado por Frank Gardner, ficou em décimo lugar na classificação geral, tendo sido o sétimo colocado na primeira etapa e o décimo primeiro na segunda.

John Willment vinha acalentando o desejo de levar o cupê para Le Mans e decidiu inscrevê-lo na prova, em 1965, com o número 16. No entanto, o carro não chegou a tempo para a corrida e foi substituído por um Shelby Daytona cujo motor sofreu uma pane na décima hora, o que talvez tivesse sido visto como uma ironia do destino por John Willment. É possível que a revista *Autosport* houvesse percebido isso porque a capa da sua edição com a cobertura da Le Mans trazia a foto do cupê Willment vermelho no lugar do Ferrari vermelho vencedor da corrida.

Por fim, no mês seguinte, o cupê Willment participou de uma corrida na França, a prova 12 Horas de Rheims, da qual foi logo eliminado quando, após uma parada para reabastecimento, o piloto não conseguiu dar a partida no motor. Na largada da prova Martini International, em Silverstone, no final de julho, o cabo do acelerador do carro de Jack Sears travou. Prudente, ele deixou os demais carros se distanciarem a fim de evitar acidentes ou danos ao motor. Quando o defeito foi então eliminado, Jack tentou recuperar terreno, chegando a igualar o recorde de velocidade de sua classe no circuito, mas seu esforço foi em vão.

Embora nenhum Cobra tivesse participado da prova Guards Trophy de 1965, em Brands Hatch, esta foto promocional do evento foi ilustrada com o roadster Cobra Willment com o qual Jack Sears vencera a corrida do ano anterior na classe GT.

Na prova Tourist Trophy de 1965, em Oulton Park.

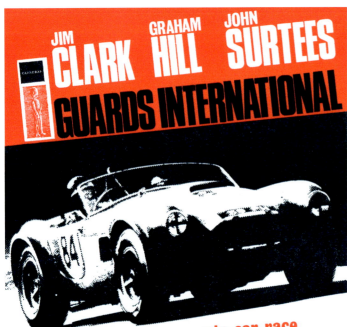

Cobra 4,7-litros da Chequered Flag, mas não conseguiu terminar a prova devido a um defeito na embreagem.

Embora a Willment tivesse outras prioridades para a temporada de 1966, com seus pilotos ao volante de carros mais novos, inscreveu o cupê em algumas das provas *Autosport* Trophy. Em setembro, em Oulton Park, Brian Muir teve um desempenho insatisfatório, classificando-se em quinto lugar, mas venceu com o cupê a última prova *Autosport* — justo em Snetterton, onde o carro vencera sua primeira corrida, dois anos antes.

Entretanto, em outra ocasião naquele circuito, em Kent, os espectadores da corrida Redex Trophy puderam assistir à vitória de Jack Sears ao volante do cupê Cobra. Seu principal rival seria Bob Bondurant, que largou bem com o roadster

A derrota na França

Todos estavam animados durante os três dias de treinos para a 12 Horas de Rheims de 1964, menos de duas semanas após a vitória da Shelby American na classe GT, em Le Mans. Os mesmos dois cupês haviam sido inscritos na prova, e a Ford ficou impressionada ao ver Gurney andar com o 2299 algumas frações de segundo mais rápido do que um dos GT40, que tinha um motor semelhante.

Durante a primeira hora após a tradicional largada à meia-noite, três dos

SONHANDO COM OS CAMPEONATOS MUNDIAIS

Shelby, que a havia inspirado a levar seus carros para competir na Europa, havia sido superada, pois a equipe estava quase trinta pontos atrás da Ferrari, a nova líder.

No começo de agosto, a equipe foi para Freiburg, onde se realizava uma das tradicionais corridas de subida de montanha que fazia parte dos campeonatos. Os três roadsters participaram da prova, pilotados por Bondurant, Neerpasch e

À esquerda: *A grande movimentação no boxe durante uma parada do 2299 na prova Tourist Trophy, em Goodwood. John Ohlsen abastece o carro com um tambor enquanto Al Dowd espera para levá-lo depois de vazio. Jack Hoare passa apressado pela frente do carro enquanto Gurney, de capacete, observa a cena com uma expressão curiosa.*

protótipos, dois Ferrari e um Ford, disputavam a liderança. Innes Ireland seguiu na disputa com os outros GTs, mas o carro de Gurney, com a carcaça do câmbio quebrada, estava a ponto de abandonar a prova. Cinco horas depois da largada, o carro da dupla Ireland-Neerpasch, que ainda mantinha uma boa posição, teve de parar no boxe para trocar o cano de escapamento, que havia se rompido, fazendo com que os gases de escape penetrassem na cabine. Os mecânicos tentaram utilizar peças do 2299, mas não houve jeito, e o carro acabou tendo de abandonar a prova. A liderança da

O HEM6, agora com os arcos das rodas ainda maiores e um defletor dianteiro, durante uma parada para a troca dos pneus traseiros.

A prova de subida de montanha Sierre-Montana-Crans de 1964. Neerpasch pilotou o 2301, Bondurant o 2345 e Schlesser o 2260.

111

AC COBRA

Embora estivesse de férias, John Wyer compareceu a este evento para ver como iam as coisas. Ele aparece em pé, à extrema esquerda da foto, segurando um caderno.

Jo Siffert, que completou a subida de 11,2 km em menos de seis minutos, vencendo na classe GT acima de 3.000 cm³.

A vitória na corrida seguinte da série, a Tourist Trophy, teve um significado especial para Shelby. Ele havia sido copiloto do Aston Martin vencedor daquela prova, em 1959, e desde então, ano após ano, a Ferrari foi a campeã. Dan Gurney estava mais uma vez ao volante do 2299, que tinha o teto um tanto mais alto e era mais adequado à sua estatura. Durante os treinos, ele bateu o recorde de tempo na classe GT, e até os roadsters foram mais rápidos que os Ferrari GT. Entretanto, foi Roy Salvadori quem tomou a dianteira da classe GT com o Cobra de Atkins, embora depois viesse a abandonar a prova, quando surgiu um defeito na embreagem. Gurney venceu na classe GT e ficou em terceiro na classificação geral, enquanto os dois carros

SONHANDO COM OS CAMPEONATOS MUNDIAIS

da Willment, embora um pouco atrás, conseguiram se manter adiante do GTO pilotado por Ireland. Phil Hill, ao volante do outro cupê Cobra, ficou em 11º lugar.

Enquanto isso, naquele mesmo fim de semana, na Suíça, os roadsters acumulavam mais alguns pontos no campeonato, com a prova de subida de montanha Sierre-Montana-Crans. Bondurant e Neerpasch competiram com mesmos carros, mas naquela ocasião Jo Schlesser correu com o 2260. O vencedor foi Scarfiotti, com um Ferrari da fábrica, mas havia poucos carros da marca na classe GT. Bondurant, mais uma vez, mostrou que era o mais rápido dos pilotos da equipe Shelby em subidas de montanha, vencendo a corrida na classe GT, com Schlesser em segundo, apenas seis segundos atrás, e Neerpasch em terceiro.

Aqueles resultados favoreceram muito a Shelby American na disputa pelo título e, caso se saísse bem no Tour de France, a equipe poderia chegar à vitória. Três Daytonas largaram e logo tomaram a dianteira, com a dupla Bondurant-Neerpasch vencendo Maurice Trintignant e Bernard de St. Auban (com o 2300 e o 2299, respectivamente) na prova do circuito de Rheims. Bondurant estava se tornando um verdadeiro especialista em subidas de montanha, vencendo também a prova seguinte dessa modalidade, a subida de Bramont. Contudo, sua sorte mudou no circuito de Rouen, quando o cabo do acelerador se rompeu e o 2299 ficou em

AC COBRA

O CSX2299 durante uma parada no Tour de France. Ao fundo, aparece um dos Mustangs da equipe Alan Mann.

SONHANDO COM OS CAMPEONATOS MUNDIAIS

primeiro, seguido de um Ferrari GTO. O outro cupê, pilotado por André Simon e Maurice Dupeyron, apresentou um defeito no motor e teve de sair da corrida logo depois. Além destes, o carro da dupla Bondurant-Neerpasch tampouco conseguiu chegar a Le Mans; restando apenas o 2299. A situação era difícil porque, embora o cupê estivesse na dianteira, sua vantagem era pequena, e ainda havia cerca de 4.800 km pela frente até o final da prova. O cupê havia chegado a Le Mans em terceiro, atrás de dois GTO, e de lá seguiram todos em direção ao sul, para o circuito de Cognac, mas aquele último cupê acabou ficando pelo caminho.

A equipe Shelby foi derrotada pelas dificuldades logísticas daquela maratona, deixando a vitória na classe GT nas mãos da Ferrari. Apesar do fracasso dos Cobras, a Ford pôde comemorar o triunfo de uma equipe de Mustangs na classe turismo, sob o comando de um jovem inglês chamado Alan Mann.

Quando disse que ainda teria alguma chance se vencesse em Monza, Shelby mal sabia que sua sorte no campeonato daquele ano já estava selada. O evento acabou sendo cancelado por pressão de terceiros — como Enzo Ferrari, entre outros.

No segundo semestre de 1964, John Wyer emprestou o CSX2345 a Dante Duce, que havia vindo dos Estados Unidos para competir no Drag Festival. Ele aparece nesta foto, em Kemble, em 3 de outubro. O carro permaneceu na Inglaterra, além do 2260 e do 2301, que foram vendidos, e depois competiu ao lado dos cupês Daytona, vencendo o Campeonato Mundial de GTs de 1965.

115

AC COBRA

Cobras para o Reino Unido e a Europa

Havia a promessa de que em breve os Cobras estariam à venda nos mercados britânico e europeu, cumprida no segundo semestre de 1963. À exceção do grande emblema da AC na tampa do porta-malas, o modelo era semelhante ao americano. Era natural que os componentes elétricos e os instrumentos fossem das marcas Lucas e Smiths, pois eles vinham sendo cada vez mais utilizados nos Cobras americanos.

O carro de licença COB6029 pertence ao meu editor, John Haynes. Ele o possui há cerca de trinta anos e diz o seguinte a seu respeito: "O Cobra sempre foi meu conversível de dois lugares predileto... eu o considero, inclusive, o melhor dos carros esporte antigos: leve, potente e ágil, bom de curva, embora também um tanto básico e rudimentar... ainda fico impressionado quando estou ao seu volante. Gosto demais dele, um dos poucos carros que ainda mantenho para meu uso pessoal, pois doei a um museu a maior parte dos demais. Quando o comprei, Annette e eu morávamos bem próximos à empresa, em West Camel, a apenas 2,5 km de lá. Eu costumava ir almoçar em casa, onde sempre encontrava a mesa já posta porque Annette ouvia de longe o ronco do motor".

SONHANDO COM OS CAMPEONATOS MUNDIAIS

Os carros produzidos para o mercado inglês e o europeu tinham um grande AC de metal na tampa do porta-malas.

Abaixo, à esquerda: Os carros para o mercado britânico ainda utilizavam dínamos. Compare esta foto com a da página 74, que mostra o compartimento do motor do CSX2182, para ver a diferença na vareta do capô.

Abaixo: Os retrovisores de para-lama em formato de copo eram muito populares nos anos 1960, assim como as placas adesivas sobre o capô.

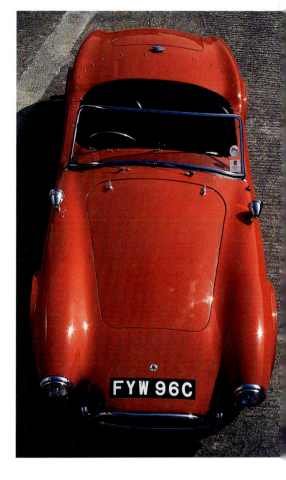

117

MkII: molas helicoidais e motor mais potente

Apesar da desastrada experiência com o chassi de feixes de molas modificado, a Ford acabou convencendo Shelby (embora não muito) de que a evolução do Cobra exigiria um motor de maior cilindrada. O 4,7-litros já não comportava mais nenhum aprimoramento, e o motor de 7 litros, embora mais pesado, proporcionaria um aumento de potência ao redor de 100 cv. A mudança exigiria um chassi mais robusto, o que, por sua vez, remetia à necessidade de uma suspensão mais moderna.

Apesar de seu pouco conhecimento técnico em projetos de carros de corrida, Shelby tinha experiência suficiente para admitir que a tecnologia do chassi e da suspensão do Cobra, da década de 1950, estava ultrapassada. Para manter a competitividade do seu Cobra — como ele de fato o considerava —, seria preciso fazer mais do que adotar um motor mais potente. A fim de simplificar ao máximo a modificação, a base do novo chassi também era formada por dois tubos longitudinais, porém de maior diâmetro (101 mm), e com uma separação maior (558 mm de centro a centro). Havia quatro travessas, com espessura de parede (bitola 13) e diâmetro iguais aos dos tubos principais. Fora esses detalhes, o novo projeto tinha características bastante diferentes, com a eliminação dos feixes de molas e das torres de suspensão fabricadas com chapa de aço.

O material promocional da Shelby para o novo modelo alardeava as qualidades do aparentemente revolucionário chassi, cuja suspensão havia sido projetada com a participação do grande especialista no assunto, Klaus Arning, no moderníssimo computador da Ford. Bem, os computadores daquela época não chegavam aos pés dos atuais, e aquele elefante branco da Ford, como ele seria considerado hoje, não teria sido tão importante assim para o projeto. Na verdade, vários diagramas feitos em computadores chegaram a ser enviados à AC para a produção dos carros, mas os pivôs da suspensão concebidos através daquela máquina e outros procedimentos

fundamentais eram impossíveis de executar na prática. Diante disso, a fábrica, mais uma vez, recorreu ao competente projetista Alan Turner para resolver o problema.

A solução apresentada por Turner consistia em acrescentar uma série de elementos à estrutura tubular básica, os quais poderiam ser produzidos pela própria AC pelos mesmos processos até então utilizados. Com isso, o carro passou a contar com uma suspensão mais moderna, além de maior rigidez torcional para fazer frente ao aumento de torque proporcionado pelo motor mais potente.

Nas partes dianteira e traseira da suspensão, havia tubos verticais presos aos principais, um de cada lado na frente, reforçados por dois tubos diagonais de 50 mm de diâmetro cruzados, e dois de cada lado na traseira, com o mesmo diâmetro, soldados nas pontas. Estes, por sua vez, se uniam na horizontal na parte superior por outro par de tubos. Mais dois tubos diagonais, de menor diâmetro, reforçavam a fixação da montagem vertical traseira. Da mesma forma que os chassis do Ace, e dos Cobras de até então, os coxins das molas helicoidais e os braços triangulares, além de outros suportes, eram fabricados com chapa de aço. As extremidades posteriores dos dois tubos principais do chassi eram fixadas e fechadas com perfis de aço com três furos, soldados ao longo da traseira. Discos de aço soldados fechavam as extremidades dianteiras e as dos demais tubos.

A suspensão traseira utilizava dois braços triangulares superpostos, de comprimentos diferentes, feitos de tubos. O superior tinha formato de U para dar espaço à mola helicoidal, e o inferior tinha formato de V. As molas helicoidais tinham 114 mm de diâmetro, por dentro das quais passavam amortecedores telescópicos Armstrong.

A suspensão traseira também era composta por braços triangulares de extensões diferentes, além de braços arrastados, fabricados com tubos. As mangas de eixo da suspensão continuaram sendo feitas de ferro fundido maleável, como as dos chassis de feixes de molas. As molas helicoidais traseiras eram do mesmo diâmetro, mas tinham oito voltas, enquanto as dianteiras tinham dez. Embora o carro saísse da fábrica com a suspensão traseira ajustada para uma cambagem levemente negativa, os ângulos do câmber, caster e pino mestre das rodas traseiras podiam ser ajustados por articuladores esféricos, caso o proprietário desejasse aumentar o conforto de rodagem. A distância entre eixos não foi modificada, permanecendo com os mesmos 2,28 m dos modelos de feixes de molas, mas as bitolas dianteira e traseira foram ambas alteradas para 1,37 m. Os modelos Racing e S/C tinham ainda barras estabilizadoras dianteiras e traseiras.

O sistema de direção utilizava a mesma cremalheira, mas os braços de direção tiveram de ser modificados devido às rodas de tala mais larga, as quais, por sua vez, exigiam adaptadores hexagonais de ponta da cremalheira mais curtos do que os do modelo anterior. A coluna de direção continuava a mesma, com um par de juntas universais para permitir sua passagem com o motor maior.

O sistema de freio não foi modificado, permanecendo os discos Girling, dianteiros com 296 mm, e traseiros com 273 mm. As pinças continuavam as mesmas.

O bom e velho diferencial Salisbury de deslizamento limitado também era suficiente para suportar o aumento do torque e a maior potência. A relação padrão era 3,54:1, mas podia-se optar por 3,31:1. A carcaça do eixo traseiro se fixava em três pontos, da mesma maneira do modelo anterior.

No início, foi mantido o trem de força dos carros com motor 4,7-litros, modificado após o começo da produção, com juntas universais maiores. Os curtos eixos estriados que atravessavam a haste modificada da nova suspensão e que atuavam também como suportes de cubo foram reprojetados para se apoiarem em pares de rolamentos cônicos, em vez dos rolamentos de esferas paralelos utilizados nos Cobras de corrida.

O motor 7-litros

O chamado motor Ford "big block" foi lançado em 1958, com 5,4 litros. Tinha um bloco em Y, ou de saia alongada, com espessas paredes de ferro fundido, concebido sem grandes preocupações com o fator peso, ao contrário dos motores de menor cilindrada. Na verdade, ele pesava bem mais que os motores de 4,2 litros e 4,7 litros antes usados nos Cobras de suspensão por feixes de molas, com pouco mais de 320 kg.

Em 1963, a Ford lançou a versão High Performance, com 6.982 cm³ de cilindrada para seu programa Total Performance, que já estava em andamento. Logo de início, o motor se revelou um sucesso, quando seus carros conquistaram os cinco primeiros lugares na prova Daytona 500 Grand National daquele ano.

Não havia nenhuma grande novidade na arquitetura básica do 7-litros, que era grande por dentro e por fora devido à sua cilindrada. O virabrequim de cinco

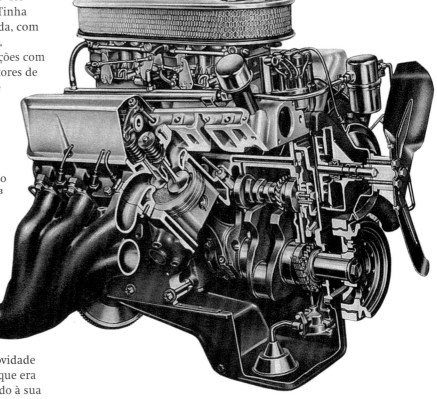

AC COBRA

Apesar da tampa do logotipo 427 (7-litros) na tampa do balancim, este motor era um "428" (7.014 cm³).

mancais tinha munhões de 69 mm, capas de mancais de três parafusos e munhões de cabeça de biela com 63 mm. Como de costume nos motores Ford, o diâmetro do cilindro era maior que o curso dos pistões, com 107,5 mm e 96,1 mm, respectivamente. As válvulas, com comando no cabeçote, eram atuadas por varetas e balancins. Possuíam diâmetro grande, as de admissão com 50 mm, e as de escape com 44 mm. A taxa de compressão padrão era 11:1.

Em geral, nesses motores do tipo chamado "top oiler" a bomba de óleo alimentava primeiro os tuchos e o filtro e, depois, o virabrequim. No início, durante a primeira fase do desenvolvimento, esse sistema se mostrou adequado tanto ao uso nas ruas como nas pistas. No entanto, quando o motor passou a ser mais exigido, começaram a surgir problemas no mancal de cabeça de biela, sobretudo nas corridas de longa duração. Diante disso, a Ford lançou uma nova versão desse motor, que ficou conhecida como "side oiler", na qual o óleo ia direto da bomba para o virabrequim, e dali para as demais partes. Esse motor era utilizado somente nos carros de corrida, ou fornecido sob encomenda.

É muito fácil distinguir esses motores de "grande bloco" com um simples olhar. Os mancais principais dos motores normais de 5,4 litros ou 5,7 litros de grande bloco não têm esses três parafusos. Um 7-litros "side oiler", além das cabeças dos parafusos aparentes, tem ainda uma tubulação de óleo que passa pela parte inferior esquerda do bloco, além de selos rosqueados em vez dos prensados no 7-litros de lubrificação primeiro do comando, depois no virabrequim, chamado de "top oiler".

Alguns motores do tipo "side oiler" tinham cabeçotes de alumínio, em geral, utilizados em corridas, mas seu uso danificava a junta do cabeçote devido à diferença de coeficiente de dilatação entre tipos de metal distintos quando em condições de utilização intensa.

Vários dos Cobras com suspensão de molas helicoidais utilizavam uma versão diferente do motor de "grande bloco", com 7.014 cm³ de cilindrada, que a Ford chamava de Special Police Interceptor. A Shelby relutou em mudar sua denominação quando passou a utilizá-lo em seus Cobras. Entretanto, tenho certeza de que ela nunca pensou em produzir um novo anúncio com o modelo, na sequência daquele outro, muito conhecido, no qual um Cobra amarelo é admirado por três policiais de motocicleta. Uma oportunidade perdida? Que tal os três policiais, desta vez cada qual ao volante de um Cobra com o motor Special Force Interceptor, advertindo o motorista do carro amarelo com a versão antiga do motor?

Falando sério, não se sabe por que tantos "Cobras 7-litros" foram produzidos com esse motor. As hipóteses são várias, desde a dificuldade de suprimento de componentes para o bom e legítimo 7-litros, que parece ser a mais provável, até questões de custos.

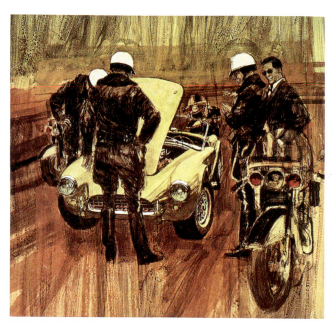

MkII: MOLAS HELICOIDAIS E MOTOR MAIS POTENTE

O 7-litros de 7.014 cm³ custava menos da metade do preço da versão normal, portanto, ainda que o preço do carro fosse o mesmo, a oferta parecia tentadora — exceto se o comprador conhecesse a fundo os motores Ford para insistir no 7-litros normal.

Apesar do nome impressionante, o 7-litros de 7.041 cm³, como se pode deduzir do fato de ele ser muito mais barato, era inferior à versão normal, de 6.982 cm³, e não se recomendava seu uso em corridas. Além das capas dos mancais principais presas por três parafusos, havia outras diferenças fundamentais entre as duas versões, incluindo um virabrequim com manivelas mais longas, que lhe deu um diâmetro e curso diferente de 104,9 mm x 101,1 mm, além de atuadores hidráulicos, como falavam os americanos, ou tuchos, embora algumas tabelas de especificações indicassem o contrário. Entretanto, o 7-litros de 7.041 cm³ se prestava bem ao uso normal de rua, com potência de sobra para o carro.

Qualquer que fosse a versão do 7-litros, a caixa de câmbio utilizada era uma Ford de série, a pesada e muito robusta "top loader", assim chamada porque se inseria a maioria dos componentes pela parte superior da carcaça durante o processo de montagem. A Ford fornecia essas caixas de câmbio com dois conjuntos distintos de engrenagens, e o Cobra utilizava as relações mais curtas.

Os carros de homologação

Como os Cobras de corrida da nova geração seriam equipados com suspensão de molas helicoidais, a primeira coisa a fazer era conseguir a sua homologação. A produção em série das versões de rua para venda ao público poderia esperar. As autoridades desportivas sabiam muito bem que a Ferrari, a Cobra e outros fabricantes haviam tentado enganá-las em suas tentativas anteriores de homologação, e decidiram que desta vez não haveria escapatória: cada fabricante teria de produzir ao menos cem carros para conseguir a homologação de cada modelo.

O CSX2702 (CSX3002), primeiro protótipo da nova série produzido, tinha uma carroceria modificada do tipo FIA, como as dos carros de suspensão por feixes de molas. Entretanto, como ainda não havia moldes para os modelos de suspensão com molas helicoidais, a abertura do radiador era igual à dos carros anteriores. A parte superior dos para-lamas foi alargada um pouco para acomodar o chassi de molas helicoidais.

O carro foi levado para a pista de Silverstone, onde Chris Amon o testou na presença de Alan Turner e Phil Remington, entre outros. Naquela época, Remington costumava ir à Inglaterra com frequência para ajudar no projeto do Ford GT, e aproveitava a ocasião para visitar a fábrica da AC.

Os dois primeiros chassis com molas helicoidais receberam os números CSX 2701 e 2702, seguindo-se à numeração final da série de feixes de molas, que havia terminado com os chassis dos dois cupês Daytona, CSX2601 e 2602. Os chassis

Na época em que estava tentando conseguir a homologação dos carros de suspensão com molas helicoidais, a AC mantinha o chão da fábrica impecavelmente arrumado.

AC COBRA

A segunda das duas carrocerias Type 65 montadas em chassis de molas helicoidais nas oficinas da Radford.

saíram da fábrica em 23 de outubro de 1964, o CSX2701 seguiu direto para Detroit como chassi para avaliação, enquanto o CSX2702 foi levado para Los Angeles pela Trans World Airlines, de onde seria entregue à Shelby. Entretanto, decidiu-se iniciar uma nova sequência de numeração para esses chassis, que foram renumerados como CSX3001 e CSX3002. Para isso, a fábrica da AC reemitiu as faturas e iniciou uma nova seção do registro de chassis, intitulada Cobra MkII.

Depois desses dois primeiros, os demais carros com carroceria roadster passaram a ser produzidos com novos moldes, agora com a entrada de ar do radiador maior e os para-lamas bem mais largos. Apesar disso, as portas, o capô e a tampa do porta-malas não foram modificados. Não obstante a urgência para conseguir a homologação dos carros para 1965, a produção só começou dois meses depois de o protótipo deixar a fábrica, quando os carros CSX3003 e 3004 ficaram prontos, em 1º de janeiro de 1965.

A produção desses carros de corrida demandava muito menos tempo que a dos modelos de rua, pois eles saíam da fábrica com a carroceria de alumínio sem pintura, mas já com os cortes para a abertura do capô, que era feita na fábrica da Shelby. Embora sem acabamento externo, todos eram embarcados com para-brisas, capô e janelas laterais instalados, mas sem as garras, em cujo lugar havia macacos de acionamento rápido.

No final de janeiro, a fábrica de Thames Ditton havia produzido um total de 23 unidades, incluindo o protótipo e o chassi que haviam sido enviados para Detroit, de forma que não seria nada fácil aprontar todos os cem carros até o fim de abril, quando terminava o prazo. Um desses carros (CSB3027) foi entregue à Ford Advanced Vehicles, que o enviou para a fabricante de carrocerias Harold Radford (Coachbuilders) Ltd, em Hammersmith, onde seria produzida uma carroceria de cupê de corrida desenhada por Pete Brock.

De acordo com esta carta de março, quase no final do prazo, as coisas estavam indo bem, e a homologação parecia possível.

A Harold Radford era muito mais uma empresa de conversões do que um fabricante de carrocerias, e havia se especializado em conversões como a Radford Countryman do Bentley, na década de 1950 e, em tempos mais recentes, em conversões luxuosas para o Mini. Ela foi contratada para executar o acabamento interno dos Ford GT40 e, talvez por isso, foi escolhida para produzir também a carroceria, um trabalho para o qual não estava capacitada. Quando Phil Remington foi à Harold Radford verificar o andamento dos trabalhos, ficou horrorizado com o que viu, e chamou Pete Brock para ver o que estava acontecendo. Este, em seguida, conversou com Carroll Shelby, e a Radford recebeu ordens para suspender o trabalho. Como não queria problemas com a Ford, a empresa propôs fazer uma nova carroceria, sem custo, e de forma bem mais rápida. O chassi original foi considerado imprestável porque a Radford havia comprometido sua integridade estrutural e soldado chapas de aço a várias de suas partes, e acabou sendo transformado em sucata.

A Radford começou então a montar um novo cupê no chassi CSB3054, que lhe havia sido enviado de Thames Ditton em fevereiro, talvez para que fossem produzidos dois cupês. Comparado ao excelente design dos cupês Daytona, o modelo, denominado Type 65, era pesado e desajeitado. De qualquer forma, por uma série de circunstâncias, as coisas também não deram certo com o segundo carro, que não chegou a correr pela equipe Shelby.

Em fevereiro, mais 25 roadsters de competição foram mandados para os Estados Unidos, mas em março o ritmo reduziu, e a AC só conseguiu produzir cinco carros, um dos quais com direção na direita (CSX3055) foi destinado à Ford, mas entregue à Harold Radford. Talvez a própria Ford tivesse encomendado à Radford a produção de um carro de corrida com esse chassi, ou mesmo outro cupê desenhado por Brock. Entretanto, qualquer que fosse a intenção, o chassi não foi utilizado, e acabou sendo vendido a John Willment, que o aproveitou com uma carroceria Ghia de Fiat V8 modificada de meados da década de 1950.

Pelo visto, a AC fez uma grande confusão com os prefixos desses chassis. As letras CSB deveriam designar os carros com direção na direita, mas a fábrica trocou os prefixos dos chassis 3027, de direção na esquerda, e do 3055, que tinha direção na direita; além disso, faturou o CSB3054 com o prefixo CSX.

Embora a Shelby e a AC houvessem se esforçado, já estava claro que não seria

122

O ano dos campeonatos

possível produzir a tempo a quantidade de carros necessária. O senhor Ferrari, por sua vez, estava às voltas com seus truques envolvendo os números de produção dos modelos 250LM, e depois de algumas tentativas de convencer a FIA a acreditar nos falsos números de produção que apresentara, acabou desistindo daquele carro.

A possível frustração de Shelby diante do fracasso da tentativa de conseguir a homologação do Cobra 7-litros foi amenizada pela iniciativa da Ford de encarregá-lo de dirigir a equipe dos GT40 de corrida na temporada de 1965, o que renderia ganhos extras para sua empresa.

Assim, ele poderia também enfrentar a Ferrari e outros competidores em duas frentes: na classe GT, com os Cobras de chassi de feixe de molas, que já eram homologados e haviam sido aperfeiçoados, em que só havia os Ferrari de particulares com que se preocupar, e na de protótipos, na qual enfrentaria os carros de Maranello.

Shelby e a Ford sempre sonharam vencer aquele campeonato de 1964, mas, afinal, o que teria dado errado? Os cupês Cobra enfrentaram bem os Ferrari GTO, e até os 250LM, mas estes estavam competindo na classe protótipo, e iriam permanecer nela devido ao fracasso da tentativa de conseguir a homologação, embora na ocasião Shelby ainda não soubesse disso. Entretanto, a fabricante italiana tinha um legítimo carro GT, o 275GTB, lançado no Salão de Paris, no segundo semestre de 1964. Ao contrário dos 250GTO, LM e cupês Cobra, aquele modelo já estava sendo produzido em série para venda ao público, em quantidades razoáveis. Como o prazo para a homologação se estendia até o final de março de 1965, Shelby ainda não sabia como teria de enfrentar a Ferrari.

Nesse ano, em vez de correr com apenas um cupê como antes (até então pouco desenvolvido), a equipe contava com seis carros. Em meados do ano, deixando de lado a preocupação em aumentar a velocidade dos carros, a equipe de preparo se concentrou em prevenir possíveis falhas, tornando-os mais confiáveis; afinal, os imprevistos haviam sido uma das principais causas do seu fracasso.

Shelby estava bastante atarefado cuidando dos Ford GT40 e de seus Cobras ao mesmo tempo, mas conseguiu aprontar seis carros para Daytona, muito bem preparados: dois GT40 e quatro cupês Cobra. Dan Gurney participou da prova com um Lotus-Ford muito rápido que, para surpresa geral, permaneceu na corrida mais tempo do que os protótipos Ferrari, tendo sido eliminado ao chegar à metade da prova por problemas no motor. Neste momento, Carroll Shelby, o pessoal da sua equipe e o da Ford olharam o placar e vibraram: seus

À noite, nas corridas, o pessoal dos boxes utilizava lanternas de mineiro, como esta usada por Charlie Agapiou durante uma parada do 2602, em Daytona.

Choveu bastante em Sebring em 1965, mas os pilotos Johnson e Payne, habituados ao Cobra, conseguiram manter o nº 14 na pista.

Shelby e os integrantes da equipe Jean Stucki e Charlie Agapiou soltam as porcas da roda dianteira do GT que estava na liderança, antes de levantá-lo.

carros estavam na frente! Quatro deles entre os primeiros, nesta ordem: GT40, Cobra, GT40 e Cobra. Jo Schlesser e Hal Keck (com a ajuda de Bob Johnson, depois que seu cupê, CSX2601, apresentou problemas) tomaram a dianteira dos três Cobras, terminando em primeiro na classe GT e segundo na geral. Rich Mather e John Timanus ficaram em segundo lugar na GT com um dos novos Daytonas (CSX2602).

A corrida de Sebring de 1965 se destacou por duas coisas: uma delas foi o fato de Jim Hall ter vencido sua primeira corrida importante de longa distância com um de seus Chaparrals; a outra foi a forte tempestade que caiu no final da tarde e alagou a pista. Mesmo assim, mais de dois terços dos carros conseguiram seguir em frente durante a chuva, que durou cerca de uma hora e fez com que o tempo de cada volta passasse de pouco mais de três minutos para quase dez minutos, no caso dos carros mais rápidos! Mais uma vez, um Cobra (CSX2299) estava à frente dos demais GTs, terminando em primeiro, desta vez com Bondurant em parceria com Schlesser. O segundo e o terceiro lugar na classe GT também foram conquistados por Daytonas. A temporada havia começado melhor que no ano anterior e, ainda que a Ferrari conseguisse homologar algum de seus carros, os Cobras haviam tido um excelente começo.

O mês de março terminou, e Enzo Ferrari acabou prejudicando a si mesmo com seus truques: o 275GTB foi impedido de participar do campeonato de GTs porque o peso declarado em seu formulário de homologação era muito inferior ao real. Em épocas passadas, isso talvez tivesse sido aceito, mas as coisas haviam mudado. Diante disso, ele disse em tom de indignação que os carros da fábrica não iriam mesmo participar do GT daquele ano.

O episódio acabou favorecendo Shelby que, quando soube que a Ferrari havia dito que os GTs de fábrica estavam fora do campeonato de 1965, percebeu que seus carros tinham boas chances de vitória, mesmo sem poder contar com os Cobras 7-litros no circuito internacional naquele ano. De qualquer forma, ele sabia que seus carros teriam de enfrentar outros Ferrari, pilotados por gente muito boa correndo por conta própria, mas os cupês Daytona

MkII: MOLAS HELICOIDAIS E MOTOR MAIS POTENTE

Acima, à esquerda: *Depois de reformado pela AC, um dos roadsters FIA do ano anterior foi adquirido por Graham Shaw, que o inscreveu na corrida de Sebring. Ele se classificou em quinto, à frente de um dos Daytonas, mas estava duas voltas atrás de um Austin-Healey Sprite, dos pilotos de rali Paddy Hopkirk e Timo Makinen, cujo desempenho foi excelente apesar da chuva.*

Acima: *O CSX2299 na ampla pista de Sebring.*

Os carros participantes da prova de 1965 traziam o nome do modelo pintado nas laterais do capô. Ed Leslie e Allen Grant se classificaram em terceiro na classe GT com o 2300.

Havia várias formas de proteger os faróis dos cupês. O 2601 foi o segundo colocado na classe GT.

O carro da dupla Johnson-Payne sobre os macacos infláveis durante o reabastecimento e a inspeção das pastilhas de freio.

podiam dar conta do recado se a atuação da equipe na Europa fosse mais eficiente desta vez.

Foi durante o Tour de France que os carros da Shelby perderam a chance de vencer o campeonato do ano anterior, do qual os Ford Mustang, pilotados com muita garra, foram os vencedores na categoria turismo. A equipe que correu com esses carros havia sido dirigida, a pedido da Ford, por um jovem inglês chamado Alan Mann, que ajudou como pôde os carros da Shelby em sua fracassada atuação na maratona francesa. Como Shelby havia sido encarregado de dirigir a equipe dos Ford GT na temporada de 1965, não haveria problema se Alan Mann cuidasse dos Cobras na Europa, por conta da Ford. Os detalhes foram acertados e divulgados logo após o final da corrida de Sebring.

MkII: MOLAS HELICOIDAIS E MOTOR MAIS POTENTE

O 2602, parado no boxe: Carroll Shelby está encostado no balcão, bem atrás. Observe a tubulação de ar vermelha para o sistema de macacos infláveis que havia sido instalado nos cupês no inverno, para abreviar a duração das paradas.

A primeira corrida com a equipe sob a direção de Alan Mann, e os dois pilotos trazidos por ele, em uma curva inclinada.

De volta à Europa

A primeira corrida supervisionada por Mann foi a 1.000 km de Monza de 1965, e a grande novidade foi a participação de dois ingleses: Jack Sears e Sir John Whitmore. Ambos eram contratados da Ford e já haviam pilotado Cobras para a John Willment, logo, tratava-se de pilotos experientes. Para esta corrida, foram selecionados os cupês mais novos, com Bondurant e Grant no CSX2601 e o 2602 a cargo dos ingleses. Os espectadores devem ter estranhado ao ver um Alfa Romeo GTZ deixando os Cobras para trás, mas Mann sabia muito bem o que estava fazendo. A Ford o havia contratado para vencer o campeonato de GT, e, como não havia necessidade de derrotar o Alfa, nem qualquer outro carro que não estivesse competindo na mesma classe dos seus carros, ele poupou os Cobras. Os americanos venceram a prova em sua classe, seguidos dos ingleses. Mann pretendia estender essa prática ao restante da temporada, quando fosse o caso, mas nem tudo saiu conforme o planejado.

Uma semana depois, na prova Tourist Trophy, que em 1965 havia sido transferida para Oulton Park, Mann designou um cupê para Sears e entregou a Whitmore o único roadster (CSX2345) que a equipe tinha na Europa. Havia mais quatro Cobras na corrida, entre os quais o cupê Willment e dois roadsters que haviam pertencido à equipe e agora corriam pela Radford Racing. Nesta prova, um desses carros da Radford foi pilotado por Allen Grant, da Shelby.

Sears sofreu um atraso considerável por não conseguir dar a partida no Daytona, que

teve de ser empurrado. Isso lhe rendeu uma penalidade de duas voltas extras e a última posição no grid, embora seu GT tivesse sido o mais rápido nos treinos. Não bastasse isso, ele teve de parar no boxe para o reparo dos freios e, apesar de ter batido três vezes o recorde da classe GT durante a prova, ficou em 15º lugar na classificação geral. O vencedor na classe GT foi Peter Sutcliffe, na frente do cupê Willment e do roadster de Whitmore, que quase foi asfixiado por um vazamento no cano de escape.

Os carros foram reparados para a segunda parte da prova, e Whitmore já havia se restabelecido, depois de ter passado quase uma hora inalando oxigênio. Desta vez, Sears ficou fora da classe GT, e Whitmore se classificou em terceiro, atrás de Mike Salmon, que estava ao volante do único Ferrari GTO que havia naquela prova, além do carro de Sutcliffe. Com suas duas classificações em terceiro,

MkII: MOLAS HELICOIDAIS E MOTOR MAIS POTENTE

Na página ao lado: *A nova tática dos Cobras em Monza: correndo alinhados, com o 2601 à frente, eles mantêm apenas a velocidade suficiente para vencer na classe GT acima de 2.000 cm³.*

A equipe de competição da Radford Racing, de breve existência: Allen Grant, com o 2260, está à frente do 2301, que terminou a primeira corrida em 11º com Neil Dangerfield ao volante, e a segunda em nono (quinto na classe GT), com John Sparrow.

Pelo jeito, como a "maleta" padrão da FIA impedia o fechamento da tampa do porta--malas, alguém da equipe resolveu batê-la com força, amassando-a em dois pontos, que foram depois suavizados, permitindo seu fechamento.

AC COBRA

Nesta foto, Grant está na dianteira e manteve um bom desempenho nas duas provas, numa das quais se classificou em nono e na outra, em oitavo (terceiro na classe GT).

Abaixo: *Naquela época, na Inglaterra, não havia propaganda nos carros de corrida, tampouco barreiras de proteção. Bastava um descuido para o carro ir parar num barranco. Sears se classificou em quarto na classe GT.*

Abaixo, à esquerda: *John Whitmore se lembra da prova Tourist Trophy de 1965, uma de suas corridas inesquecíveis.*

130

Whitmore se tornou o primeiro colocado na classe GT.

A corrida seguinte, em Spa, seria um prato cheio para os cupês, mas nem sempre as coisas acontecem conforme o esperado. Bondurant, que teve um atraso por causa da quebra de uma biela, terminou atrás do GTO de Sutcliffe, e Whitmore colidiu com a traseira de um Cobra da Radford. Ele chegou a parar para a retirada da parte danificada da carroceria, e depois tentou voltar à prova, mas uma forte vibração o fez desistir.

Ninguém das equipes se interessou em participar da corrida de Targa Florio com os Cobras, e seguiram todos para Nürburgring, onde se realizaria a prova ADAC 1.000 km, em 23 de maio. Alan Mann designou Bondurant e Neerpasch para o 2601, a dupla Sears e Gardner para o 2602, e deixou o 2300, que era mais antigo e havia sido inscrito pela Ford France, a cargo de Simon e Schlesser. Os pilotos terminaram a corrida nessa ordem, desta vez sem problemas, alcançando a pontuação máxima.

Bob Bondurant, que havia gostado daquelas subidas de montanha das quais havia participado no ano anterior, retornou a Rossfeld em 13 de junho com o 2345, quando, mais uma vez, foi o vencedor na classe GT.

O CSX2602 entre as árvores de Nürburgring.

Alan Mann, que está de jaqueta preta, logo atrás do carro, era bastante atuante nas paradas no boxe, mas desta vez parecia estar só observando.

Le Mans 1965

A Ford havia planejado participar da Le Mans com vários carros e, além dos seus seis GTs na classe protótipo, todos os Daytonas, à exceção de um deles, foram inscritos na prova. Os dois Ford 7-litros se mostraram muito rápidos, tanto nos treinos quanto no começo da corrida, com Phil Hill atingindo a velocidade de 340 km/h na cronometragem da reta Mulsanne. O cupê Cobra mais rápido foi o da dupla Dan Gurney e Jerry Grant, que, durante horas a fio, se manteve próximo aos protótipos. Por algum tempo, a impressão foi de que, por fim, a Ford poderia vencer a Ferrari nesta prova de resistência, até que seus carros, um após o outro, começaram a apresentar defeitos. Sete horas depois do começo da prova, não havia restado nenhum deles.

Os Cobras, por sua vez, vinham mantendo um bom desempenho, mas em

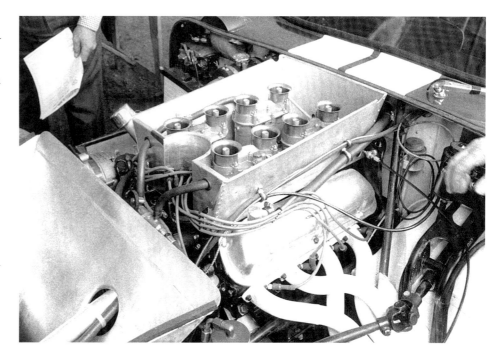

O capô aberto do 2286, que correu em Le Mans com o número 9. Foi sua única corrida.

O CSX2601, que seria pilotado por Allen Grant e Joe Schlesser, estacionado em frente do caminhão da Alan Mann, no paddock de Le Mans.

MkII: MOLAS HELICOIDAIS E MOTOR MAIS POTENTE

Al Dowd abastece o carro enquanto Agapiou espera para fechar a tampa do tanque, e Stucki, sem ter o que fazer nesta parada no boxe, apenas observa. Gurney está encostado à mureta do boxe, e Grant está prestes a entrar no carro.

O Daytona, bastante avariado e o único a terminar a prova, acaba de entrar nas curvas Esses.

dado momento o mais rápido deles começou a perder terreno depois de sair do boxe, com o motor falhando e queda da pressão do óleo. O carro vencedor na classe no ano anterior, agora com Jack Sears e Dick Thompson, havia assumido a liderança em sua classe, mas acabou colidindo com um carro mais lento e teve de permanecer no boxe por boas horas para reparos no radiador. Enquanto isso, o carro da dupla Gurney/Grant havia voltado à pista e já estava alcançando Bob Johnson e Tom Payne (que havia deixado de lado por um tempo sua participação no USRRC com o Cobra), que corriam com o cupê mais velho, o 2287.

Por volta das duas horas da manhã, começaram a surgir problemas. Primeiro, o 2602, inscrito pela Filipinetti, pintado de vermelho para esta prova, teve uma biela quebrada; logo depois, surgiu um defeito na embreagem do 2601. Em seguida, a junta do cabeçote do carro da dupla Johnson-Payne se rompeu — um problema que já havia ocorrido com alguns GT40 naquele ano. Logo pela manhã, o carro de Gurney e Grant também teve de deixar a prova. Com isso, restou apenas o carro de Sears e Thompson, bastante danificado, que terminou a corrida em oitavo lugar geral e em segundo na classe GT. Os vencedores na classe GT foram Willy Mairesse e o copiloto Beurlys, quase 500 km na frente, com um Ferrari 275GTB amarelo, que havia acabado de ser homologado, inscrito pela Ecurie Francorchamps.

133

Nas palavras do fotógrafo autor da foto, Bernard Cahier: "A 12 Horas de Rheims, em 1965, uma bela foto do Cobra cupê vencedor [na classe GT] em ação".

Missão cumprida

Havia poucos carros na prova de Rheims em julho, depois que a Ford desistiu de inscrever seus protótipos. Isso favorecia a Ferrari, que poderia vencer na categoria, a menos que todos os carros da marca apresentassem problemas, o que era improvável. Na classe GT, havia somente três GTO contra três Cobras (o cupê Willment e dois Daytonas).

No começo da corrida, o Daytona de Sears e Whitmore saiu na frente do carro de Bondurant e Schlesser, mas o cupê Willment, com a dupla Ireland e Gardner, largou mal e teve de deixar a prova depois que o motor não pegou durante uma parada para abastecimento. Com isso, sobraram apenas quatro GTs na corrida, pois um dos GTO não havia largado.

Pouco depois da metade da prova, os dois GTO tiveram de abandoná-la, e o Cobra que estava na frente teve uma biela quebrada, mas voltou a correr, com sete cilindros, depois de uma longa parada no boxe para a remoção das partes da peça destruída e a selagem do munhão.

Assim, a corrida terminou sem grandes emoções. Entretanto, ao cruzarem a linha de chegada, o 2601 e o 2300 (trinta voltas atrás) conquistaram a pontuação máxima na classe GT. A Shelby, financiada pela Ford e sob a supervisão de Mann, venceu o Campeonato Mundial de GTs.

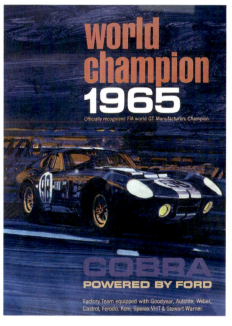

Embora não houvesse necessidade, os Daytonas participaram de mais uma corrida. Não havia nada a perder, e a equipe decidiu retornar à Sicília com os Cobras. O 2299 e o 2601, com Sears e Bondurant, foram inscritos na Coppa di Enna, em agosto, uma prova de 500 km. Desta vez, os Cobras resistiram às péssimas condições da pista e, apesar de bastante danificados, conquistaram o primeiro e o segundo lugar na classe GT, com Bondurant à frente de seu companheiro de equipe inglês.

O 7-litros S/C

Embora não tivesse sido possível cumprir o prazo para a homologação do 7-litros, Shelby ainda conseguiu vender alguns daqueles carros a competidores privados participantes das provas do SCCA, realizadas nos Estados Unidos, e dois outros chegaram a ser enviados à Europa, onde correram em provas fora da FIA. O restante do lote ficou estacionado no pátio da Shelby American no aeroporto de Los Angeles. Por conta da escassez de rodas para equipar os 7-litros normais de rua, que haviam começado a chegar do Reino Unido, alguns daqueles carros tiveram suas rodas retiradas, permanecendo apoiados sobre blocos. Entretanto, apesar do chassi modernizado e do grande motor, havia

O CSX3042, um legítimo modelo S/C, adquirido zero--quilômetro de um concessionário Ford por dois competidores privados.

pouca gente interessada em adquirir os Cobras de segunda geração para uso em competições.

Essa questão, contudo, não chegava a preocupar Shelby, que tinha vários outros planos para 1965, e os carros permaneceram naquele lugar até o dia em que um representante de vendas chamado Charles Beidler perguntou por que eles estavam ali. Depois de ouvir a história em detalhes, ele apresentou uma excelente sugestão. Por que não transformar aqueles carros em modelos especiais, destinados a jovens entusiastas de carros de corrida? A diretoria da Shelby considerou a ideia interessante e a pôs em prática, criando o Cobra 7-litros S/C (SemiCompetição).

A execução da conversão era fácil e se resumia em tornar os carros mais adequados ao uso nas ruas e menos sujeitos à manutenção frequente. Assim, as buchas de suspensão de bronze, adotadas em todos os carros de homologação, foram substituídas pelas mesmas buchas de borracha dos 7-litros comuns de série. As rodas Halibrand eram as mais utilizadas, substituídas pelas do GT40 quando em falta.

A carroceria, idêntica à dos modelos de corrida, tinha a entrada de ar do capô de plástico reforçado com fibra de vidro, além de câmara de admissão. As bordas do capô eram presas por rebites, e os canos de escapamento saíam pela lateral. A única modificação externa foi o acréscimo de uma pequena aba às bordas dos arcos das rodas. O tanque de combustível de grande capacidade e as duas bombas elétricas (de reserva da bomba mecânica do motor) foram mantidos, assim como vários outros acessórios de corrida, como os macacos de acionamento rápido e a barra de proteção.

Os motores "side oiler" também foram mantidos, porém com a taxa de compressão reduzida para 10,4:1, e os cabeçotes de alumínio passaram a ser de ferro. Assim como nos 7-litros de série, havia dois carburadores Holley 600 CFM 4V com um coletor de altura média, mas vários proprietários preferiam a configuração dos carros de corrida, com um só Holley 750 CFM 4V. Havia também um ventilador elétrico com interruptor termostático. No total, 31 carros de homologação foram convertidos em S/C e vendidos ao público.

Nos livros de registro da fábrica, há um espaço em branco, reservado à descrição de carros com numeração entre 3056 a 3099, que não foram produzidos, à exceção do CSX3063, mais comprido (o que resultou em uma distância entre eixos de 2,43 m) e enviado à Ghia, na Itália, onde recebeu uma carroceria especial conversível de dois lugares, encomendada pela Ford.

Os 7-litros de série

O primeiro carro de rua de série (CSX3101) saiu de Thames Ditton em 2 de abril de 1965, quando foi despachado para Los Angeles a bordo de um avião da TWA. Foi entregue sem pintura e registrado nos livros da fábrica como "Primeiro roadster MkII com molas helicoidais". Em 22 de abril, foram produzidos outros dois carros de desenvolvimento (CSX3118 e 3120), seguindo-se um intervalo até 13 de maio. A partir de então, o ritmo de produção começou a aumentar, até atingir um volume razoável.

No começo, as carrocerias eram idênticas às dos carros de corrida e S/C, embora despojadas de algumas de suas características, como a entrada de ar e os rebites de reforço do capô, além das pequenas abas dos para-lamas traseiros do S/C. Outros equipamentos de corrida, como a barra de proteção e os canos de escapamento com saída lateral, foram eliminados dos modelos de série. Os dutos de ar de refrigeração dos freios, localizados em ambos os lados do radiador na versão de corrida, passaram a ter outra finalidade nos carros de rua, a ventilação da cabine por meio de tubos flexíveis.

Para produzir as duas primeiras dúzias de carros de rua, a fábrica aproveitou as carrocerias que haviam sobrado dos carros da série de homologação, cuja montagem não chegou a ser concluída. Quando esse pequeno estoque se esgotou, a AC passou a fabricar os carros com para-lamas traseiros mais estreitos, pois esses modelos utilizavam rodas de tala menor. Os carros de corrida e os convertidos em S/C eram equipados com rodas Halibrand 7½ x 15 pol. na frente e 9½ x 15 pol. na traseira, que combinavam com os para-lamas de arco mais largo, mas as rodas traseiras, com a tala reduzida para 7½ pol., destoavam deles. Entretanto, depois de produzir apenas trinta carros com para-lamas mais estreitos, a fábrica, diante dos protestos dos consumidores, teve de reverter a modificação, voltando a produzir os Cobras 4,7-litros como antes.

As opções de cores do 4,7-litros de rua eram vermelho, azul, preto, verde, cinza, cinza-prata, branco e verde Vineyard. Todos os carros tinham acabamento interno preto, exceto um (CSX3336), que apresentava pintura verde e interior vermelho, e foi fabricado em 8 de dezembro de 1966. Embora a fábrica tivesse

Telephone: EMBERBROOK 5621							AC Form 54		
Telegrams: AUTOCARRIER, THAMES DITTON							COPY INVOICE No.		
							A. 8159		
Ford Motor Credit Co. for the account of Shelby American Inc., 6501 W. Imperial Hwy., Los Angeles, Calif. 90009, U.S.A. IN ACCOUNT WITH						Date Ref.	8th July, 1966. RGH/HH		

AC CARS LIMITED
HIGH STREET · THAMES DITTON · SURREY

Chassis/Car No.	Engine No.	Registered No.	£	s.	d.	£	s.	d.
CSX.3288								
To supplying:-								
One Cobra car painted Silver with Black trim, (Acrylic), less engine and gear box.			1028	16	-			
Price reduction due to fitment of G.8 tyres			1	9	-			
			1027	7	-			
Protection boards front and rear			3	10	-			
Delivery to Southampton Docks			12	-	-			
						£1042	17	-

"Montevideo"

Certified true copy
For and on behalf of A. C. Cars Ltd.
R. G. Henderson, Sales Manager.

MkII: MOLAS HELICOIDAIS E MOTOR MAIS POTENTE

Carroll Shelby mandou este carro (CSX3288) para George Barris, um renomado californiano especializado em pintura personalizada, que o repintou na cor pérola-metálico. Entregue meses depois a um concessionário de Portland, o carro foi adquirido por um marinheiro, que viajava muito e raramente podia utilizá-lo. Entretanto, sempre que possível, ele aproveitava o carro. Embora tenha tido vários proprietários, o carro é todo original, e até a pintura feita por Barris permanece intacta. Quando essas fotos foram feitas, a quilometragem era de 37.124 km.

AC COBRA

É raro alguém dirigir um Cobra com a capota levantada, mas veja que belo visual.

Ao contrário dos Cobras de até então, que tinham uma só lanterna traseira de cada lado, nos 7-litros mais recentes havia duas lanternas.

MkII: MOLAS HELICOIDAIS E MOTOR MAIS POTENTE

Este teto rígido não era fabricado pela AC; era feito para os Cobras por um fabricante de acessórios e fornecido sob encomenda com os carros zero-quilômetro.

produzido e lançado o 7-litros com grandes expectativas, o mercado automobilístico parecia mais interessado em outros modelos — os grandes GTs do final da década de 1960. Muitos desses carros de grande apelo visual tinham carrocerias frágeis e propensas a enferrujar, eram instáveis, com mecânica e elétrica de qualidade duvidosa. Mas era isso que o mercado desejava. A produção do 4,7-litros, um carro simples e bom, foi encerrada com o chassi número 3360.

AC COBRA

Outro dos Cobras bancados pela Ford, pilotado pelo "gentleman" Tom Payne — aqui muito bem vestido, fazendo jus ao apelido. O carro é o CSX3020.

O 7-litros nas corridas

Como não conseguiu produzir uma quantidade suficiente de carros para obter a homologação em 1965, a Shelby teve de continuar correndo com os modelos de suspensão de feixes de molas por mais um ano. Isso acabou prejudicando o 7-litros, que teria sido bastante aprimorado se tivesse sido o principal carro de corrida da Shelby, como era o desejo da Ford.

Apenas o protótipo (CSX3002) correu pela Shelby American, e sem muito alarde. O carro, preparado para corridas, tinha pintura na cor azul Guardsman, então já bastante conhecida, e listras brancas. Bob Bondurant o estreou em uma prova regional do SCCA, realizada no Texas, mas não chegou ao final. Depois disso, o motor do CSX3002 foi modificado, passando a ter lubrificação por cárter seco. Na segunda prova, em Riverside, a qual também não conseguiu terminar, o carro foi pilotado por Ken Miles. Em outubro, com Phil Hill ao volante, o protótipo participou da prova SCCA National em Candlestick Park; mais uma vez, foi eliminado.

No mês de novembro, Ken Miles viajou para a Austrália com o protótipo para participar da prova Australian Tourist Trophy, realizada em Lakeside, no estado de Queensland. Carro e piloto foram parar nesse circuito inusitado e distante porque os organizadores do evento precisavam de algo extra para atrair público e custearam seu transporte. Naquela época, a Shelby havia conquistado o Campeonato Mundial na classe GT, e sua presença seria de fato um excelente atrativo, mas por que ela mandou o 7-litros de corrida? Ele foi enviado porque os demais carros da equipe ainda se encontravam na Europa, e não estavam em boas condições.

O melhor tempo nos treinos foi o de Frank Gardner, ex-piloto de Cobra, ao volante de um Maserati Type 61; o quarto melhor foi o de Miles, com pouco menos de dois segundos de diferença. Na segunda prova preliminar, o motor do carro de Gardner foi destruído, e Miles tampouco se saiu bem, pois não conseguiu superar o Lotus 23. Na prova final, ele vinha se mantendo em terceiro, atrás de dois Lotus 23, até que, depois de percorridos cerca de 70 km do trajeto total de 193 km, um dos braços superiores de apoio da suspensão do 7-litros se quebrou, e o carro teve de abandonar a corrida. Embora Miles tivesse parado no lado oposto aos boxes, os inspetores de prova lhe fizeram sinal para que completasse mais uma volta. Entretanto, um dos pneus havia sido furado pelo arco da roda e acabou se desprendendo dela durante o percurso, deixando o aro exposto.

Depois de tantos problemas nas pistas, o carro foi alugado pelos estúdios MGM para o filme *Minhas três noivas*, de Elvis Presley. Eu me diverti ao ver a sinopse do *Halliwell's Film Guide:* "um despreocupado cantor decide pilotar um carro experimental em uma corrida de rua".

Somente dezenove dos carros de homologação restantes foram vendidos pela Shelby como modelos de corrida, poucos dos quais foram levados aos circuitos por seus primeiros proprietários. Um dos que o fizeram foi George Montgomery, de Minnesota, que comprou o CSX3003 e tinha de fato a intenção de participar de corridas. Ao contrário do único carro daquele modelo pertencente à fábrica, o de Montgomery foi o vencedor da primeira corrida da qual participou, em Road America Sprints, classificando-se em primeiro numa Classe A de Produção e na geral. Em setembro, ele participou da prova Badger 200, vencendo de novo na Classe A/P; depois, em outubro, no circuito de Indianápolis, conseguiu se classificar em terceiro na A/P e na geral. Quase no final de novembro, ele foi convidado para competir em Daytona Beach, na Flórida, onde se classificou em segundo na A/P e na geral. Montgomery colheu bons frutos nessa sua temporada com o 7-litros, com o qual acabou se consagrando vencedor da prova A/P Eastern

MkII: MOLAS HELICOIDAIS E MOTOR MAIS POTENTE

Division, e ficando em segundo nas provas eliminatórias nacionais. Depois disso, ele concordou em vender o carro a Gene Cormany, que também correu com ele na Classe A/P, com várias vitórias em sua primeira temporada, apesar da quebra do braço triangular traseiro em uma ocasião. Depois de três temporadas competindo com o carro, no final de 1968, Cormany chegou à conclusão de que ele havia se tornado obsoleto.

O CSX3005 foi preparado para corridas especialmente para Bob Johnson, com várias modificações definidas por ele. Segundo os planos iniciais, Johnson deveria aprimorar e competir com o carro sem integrar de forma oficial a equipe. Entretanto, quando o Cobra foi entregue, a Shelby American e Johnson não conseguiram chegar a um acordo a respeito do rateio das despesas, e o carro voltou para Los Angeles. O 3005 nunca chegou a participar de corridas e foi vendido um ano depois, sem o motor e a carroceria, a um japonês que desejava adquirir um chassi do modelo 4,7-litros.

O piloto Hal Keck, muito bem-sucedido em corridas com um Cobra de feixes de molas (CSX2127), sabia que os 7-litros estavam sendo produzidos, e ficou ansioso por conseguir um deles. Adquirido através da Archway Motors, de Baltimore, em Maryland, que o patrocinaria nas corridas, Keck recebeu o CSX3008 a tempo de participar da temporada de 1965. Concentrando-se mais nas provas nacionais da Classe A de Produção do SCCA em sua região, ele colheu bons frutos em sua primeira temporada com o novo carro, pintado com as cores da Shelby, azul Guardsman com listras brancas. Além disso, conseguiu mais de seis classificações em primeiro lugar na A/P, e em várias delas foi também o primeiro colocado na classificação geral. Com essas vitórias, ele venceu o Campeonato North East A/P e foi convidado para uma série de provas eliminatórias em novembro, em Daytona Beach, na Flórida, onde se classificou em primeiro na Classe A/P e na American Road Race of Champions (ARRC).

Em meados do ano, o carro foi repintado de branco com listras vermelhas e, naquela temporada, além de vencer de novo o Campeonato North East A/P, Keck estabeleceu alguns recordes na subida de montanha de Giants Despair, uma prova que ele já havia vencido em 1965, e também em Hershey e Duryea.

O 7-litros de Keck foi mais uma vez repintado, desta vez na cor laranja-brilhante. A temporada de 1967 não foi tão boa quanto as anteriores, mas depois ele conquistou de novo o título no Campeonato North East A/P, em 1968, e no Campeonato de Subida de Montanha da Pensilvânia em 1969. O carro, que ainda venceu mais algumas vezes na classe A/P, só deixou as pistas pra valer em 1973.

A Essex Wire Company adquiriu o CSX3009 e o entregou a diferentes pilotos na temporada de 1965, alguns dos quais mostraram um bom desempenho. Um deles, Ed Lowther, gostava muito do carro, que acabou adquirindo da empresa. Patrocinado por um concessionário Ford,

O CSX3003 foi um dos poucos carros de homologação vendidos zero-quilômetro para corridas. Foi encomendado por George Montgomery, que pediu à Shelby para pintá-lo com estas cores. Esta foi a segunda vez que ele participou da prova de Road America com o carro, tendo se classificado duas vezes em primeiro na Classe A de Produção.

141

AC COBRA

Pouco mais de dois anos depois, eis o 3003 em Meadowdale, em maio de 1968, com o nome do seu segundo proprietário, Gene Cormany, que o havia adquirido em 1966.

ele venceu o Campeonato Nacional A/P em 1966, e quase repetiu o feito em 1967. No ano seguinte, o Cobra foi vendido a Sam Feinstein, que em sua primeira temporada se classificou em terceiro no Campeonato A/P North East. Ele não participou da temporada de 1969, mas se classificou em segundo no Campeonato A/P North East em 1970, e em terceiro na mesma prova, em 1972. Aqueles resultados, porém, não eram suficientes para as ambições de Feinstein, que, em 1973, se tornou campeão da A/P North East, depois venceu a prova ARRC em Road Atlanta, sagrou-se campeão mais uma vez e, por fim, se tornou campeão de Divisão.

Os Cobras 7-litros nos circuitos europeus

O primeiro 7-litros de corrida produzido (CSX3004) foi encomendado por um cavalheiro espanhol chamado Godia, através da Ford France, e foi levado para a Espanha de avião. Embora pudesse parecer que ele tivesse grandes planos para o carro, como inscrevê-lo na Le Mans, por exemplo, o fato é que o Cobra só participou de algumas provas de pouca importância. Em 1969, foi vendido a um tal de dr. Reichen, que teve a infeliz ideia de participar de provas de subida de montanha com ele. As corridas automobilísticas haviam se tornado uma questão bastante delicada para a Suíça, desde o GP da Suíça de 1954, ano de vários acidentes. Em 15 de junho de 1969, aconteceu o pior durante a subida de montanha de Naters-Blatten. Cerca de 1,5 km depois do começo da corrida, Reichen perdeu o controle do carro, atingiu um barranco e bateu em uma cerca. Embora ele tenha escapado ileso, o Cobra atropelou um grupo de espectadores, causando a morte de cinco deles e ferindo outros catorze.

Adquirido pelo revendedor Chequered Flag, de Graham Warner, o CSX3006 chegou à Inglaterra depois de uma complicada sucessão de eventos, passando pela França. O carro havia sido adquirido zero--quilômetro pelo candidato a piloto William

MkII: MOLAS HELICOIDAIS E MOTOR MAIS POTENTE

Freeman, que, alegando ter compromissos com corridas na Europa, o colocou à venda. Seis meses depois, em novembro, o carro foi anunciado na França: "Quilometragem percorrida apenas da fábrica até o comprador, nunca participou de corridas. Será pintado na cor desejada pelo comprador. Preço: 3.250 libras". Em janeiro de 1966, depois de uma mudança de planos, foi anunciado por Paddy McNally, em Londres, por mais de 3.500 libras, ainda com a cor azul-claro com duas listras douradas escolhida por Freeman. Desta vez, a oferta de mudança de cor foi feita mais ao estilo britânico: "será repintado de acordo com a preferência do cliente". O restante da descrição revelava algo inédito àquela época na Inglaterra: "Este novo carro é equipado com cárter seco, cabeçotes de liga leve, motor com potência superior a 500 cv, a mais moderna caixa de câmbio de quatro marchas, diferencial com radiador de óleo, tanque de combustível com capacidade para 180 litros, linha de combustível dupla, suspensão de corrida com barras estabilizadoras e amortecedores Koni, rodas homologadas de tala mais larga, cintos de segurança integrais, extintor de incêndio, tampa do habitáculo, barra de proteção".

Ao adquirir esse carro para formar par com seu Cobra 4,7-litros de corrida com chassi de feixes de molas, que havia sido colocado à venda naquele mês, a Chequered Flag mostrou que havia mudado de ideia e decidiu continuar competindo com os Cobras em 1966. Antes de ser levado para as pistas, o carro teve a coluna de direção mudada da esquerda para a direita, e a carroceria foi pintada de branco. Seu desempenho nas corridas foi razoável, com uma vitória na Ilford 500, em Brands Hatch, a primeira corrida de que participou.

Os dois pilotos, Bob Bondurant e David Piper, que estava por algum tempo afastado da Ferrari, tiveram um excelente desempenho, conseguindo manter o carro na pista sob as péssimas condições climáticas daquele dia. Os carros que seriam páreos para o Cobra naquela prova não conseguiram derrotá-lo. Um GT40, depois de tomar a dianteira, acabou sofrendo um grande atraso quando uma mangueira de óleo se rompeu. Outro GT40 assumiu a liderança, mas derrapou e foi parar numa poça de lama, enquanto o Ferrari 250LM de Piper, que naquela ocasião havia sido cedido a outro piloto, teve de parar para a remoção do para-brisa quando os limpadores pararam de funcionar. Entretanto, os inspetores de prova ameaçaram desclassificar os pilotos se o para-brisa não fosse recolocado. Bondurant e Piper tiveram ainda a sorte de ultrapassar um Jaguar E-type 1961, pilotado por Jack Oliver, que estava com uma volta de vantagem quando sofreu uma colisão depois de uma parada para reabastecimento e troca de piloto. Assim, a dupla teve uma atuação brilhante nessa corrida, na qual o segundo colocado poderia ter sido o outro Cobra da Chequered Flag, se seu motor 4,7-litros não tivesse apresentado problemas. Durante as duas últimas horas da prova, quando a pista já estava seca, o único GT40 que restara retornou à pista, terminando em segundo, sete voltas atrás do 4,7-litros.

Outro carro de corrida exportado para os Estados Unidos foi o CSX3019, adquirido por Ed Freutel, da Califórnia, para correr na Europa na temporada de 1966. Em

Acima, à esquerda: *Bob Bondurant na prova Ilford 500 de 1966, em Brands Hatch.*

Acima: *Mesmo sem a homologação, Bob Burnard conseguiu derrotar um Ferrari com o Cobra. Aqui, ele está na dianteira do 250LM de Ron Fry, em Silverstone.*

John Tojeiro se lembra de ter comprado este carro e o CSX3167 do desapontado Freutel, pagando um total de 1.000 libras pelos dois. Ambos foram depois adquiridos por John Woolfe, que aparece nesta foto, em Silverstone. Observe a tampa do bocal de abastecimento do tanque do cárter seco, no para-lama dianteiro direito.

143

AC COBRA

Bill McNamara, em Brands Hatch, em janeiro de 1967.

parceria com Tony Settember, ele se inscreveu em algumas das provas clássicas de longa distância. Em Spa, na Bélgica, o para-brisa se quebrou a alta velocidade, mas o carro prosseguiu até o final da prova. Freutel deve ter imaginado que teria a sorte de chegar ao final da ADAC 1.000 km, em Nürburgring, sem outros adversários em sua classe além dos seis GT40. Entretanto, o carro pegou fogo logo na primeira volta. Apesar disso, eles conseguiram terminar a prova, porém quase 300 km atrás do vencedor e depois do prazo regulamentar. Embora dois anos antes a equipe Shelby tivesse sido derrotada em Targa Florio, na Sicília, a dupla não se deixou intimidar. Afinal, o carro deles tinha uma maravilhosa e moderna suspensão de molas helicoidais que, a propósito, havia lhes causado um grande problema naquele ano, quando os braços triangulares traseiros se romperam.

Não sei se devido à suspensão ou por erro do piloto, desta vez, o carro se chocou contra vários marcos de concreto, logo na primeira volta. Bastante danificado, o Cobra teve de deixar a prova e foi levado a uma oficina de funilaria para reparos. Com isso, Freutel acabou chegando à conclusão de que as corridas com o 7-litros não eram para ele, e vendeu o carro por um preço bem baixo. No segundo semestre, o carro participou de corridas de clube com Bob Burnard. Em 10 de setembro, em Silverstone, ele mostrou a raça dos 7-litros de corrida. Em dez voltas, conseguiu ultrapassar outro competidor privado inglês, Ron Fry, que corria com um Ferrari 250LM. Um mês depois, Fry trocou seu Ferrari por um Ford GT40 e reencontrou Burnard em Silverstone, que o derrotou mais uma vez, vencendo a corrida de GT.

Em 1967, o CSX3019 foi adquirido por John Woolfe, que participou de várias corridas com ele naquela temporada, com inúmeras vitórias em corridas de clubes; é provável que o carro tenha obtido mais classificações em primeiro lugar do que qualquer outro 7-litros no período de um ano.

No final de 1966, o texano Bill McNamara decidiu participar de algumas corridas na Inglaterra com seu 7-litros (CSX3026). É incrível que os três 7-litros que estavam então na Inglaterra nunca tivessem competido uns contra os outros. McNamara foi, com certeza, o menos atuante dos pilotos daqueles três carros, tendo participado de poucas corridas, como a Dartford Cup, em Brands Hatch, em outubro, antes de retornar com o carro para seu país, no começo de 1967.

O AC 4,7-litros

Ao mesmo tempo que fabricava o Cobra de molas helicoidais para Carroll Shelby, a AC produzia uma versão própria do modelo. Não utilizava o nome Cobra, embora tivesse permissão da Ford para fazê-lo. Com isso, de certa forma, a AC se desforrava de Shelby, que, em 1962, eliminou o emblema com sua marca dos

Primeiro carro da última série, o COB6101 foi adquirido zero-quilômetro pela mesma família à qual pertence atualmente.

MkII: MOLAS HELICOIDAIS E MOTOR MAIS POTENTE

primeiros Cobras. Assim, os últimos "Cobras" fabricados por ela se chamavam apenas AC.

O AC foi produzido somente na versão com motor de 4,7 litros. O carro era equipado com uma nova versão do motor que a Ford havia lançado, chamada bloco J-Type. A diferença básica entre esse motor e o anterior estava na quantidade de parafusos do flange existente em sua parte traseira. A nova versão tinha seis parafusos, e a antiga tinha apenas cinco. A caixa de câmbio utilizada era a Borg-Warner T-10 com carcaça de alumínio, com relações tipo L ou M.

À exceção dos para-lamas traseiros mais estreitos, a carroceria do AC 4,7-litros era idêntica à do 7-litros. As rodas raiadas eram de série, com pneus 185-15 pol.

Os carros, produzidos com direção na direita e na esquerda, tinham prefixos de chassis COB e COX, respectivamente, e a numeração se iniciava em COB6101. O pequeno lote de 27 unidades desses roadsters AC 4,7-litros terminou no chassi COX6127. Todos os AC 4,7-litros, assim como os carros de especificação europeia de feixes de molas, saíram da fábrica completos, à exceção dos dois

O último Cobra (COX6127) foi adquirido inacabado pela Hills Garage, que terminou de montá-lo conforme as especificações de sua equipe de competições.

últimos. O COX6126 foi enviado sem motor para os Estados Unidos, e o COX6127 foi entregue pela fábrica como "chassi, peças entregues sem montagem" para um cliente que se encarregaria de montá-lo. Saiu de Thames Ditton em 15 de julho de 1968, e foi o fim.

Na verdade, a sequência de numeração se estendia até 6132, prevendo cinco chassis com distâncias entre eixos maiores (três deles com 3,43 m e dois com 2,97 m), que seriam fabricados e entregues à Paramount Film Studios.

Esses chassis estavam incompletos (em alguns casos apenas com as partes soldadas) e sem motor. Ao menos um deles recebeu uma carroceria que imitava a de um carro esporte antigo e um motor Fiat. O carro aparece no filme *Os intrépidos homens e seus calhambeques maravilhosos*. Como seria de prever, depois de utilizados no filme, os chassis não tinham mais utilidade para a companhia cinematográfica e acabaram sendo utilizados para propósitos que não têm relação com o objetivo deste livro.

Do ponto de vista atual, cerca de quarenta anos depois, é difícil acreditar que o AC 4,7-litros fosse um carro difícil de vender; apenas dois foram vendidos na Europa Continental ao longo de três anos, um para a Suíça e outro para a Bélgica. O Cobra, por alguma razão, nunca foi mesmo um produto de fácil vendagem na Europa, e até mesmo o entusiasmado importador francês Monsieur Chardonnet, apesar de ter exibido o carro em Le Mans, só conseguiu vender cinco unidades da versão de chassis com feixes de molas. Os franceses, por outro lado, compraram mais de sessenta Aces enquanto o carro esteve em produção. Já os alemães, na época, não chegaram a adquirir nenhum carro.

Talvez o Cobra, em que pese sua inegável origem inglesa, fosse, na verdade, uma legítima criação dos americanos, que eles souberam apreciar e aproveitar bastante — como a Coca-Cola, os jeans Levi's e James Dean —, muito antes do restante do mundo.

145

AC Cobra – O registro de fábrica dos chassis

A fábrica da AC em Thames Ditton mantinha um registro, escrito à mão, com informações sobre todos os AC Cobras produzidos. O prefixo dos chassis era composto por diferentes conjuntos de letras. Todas as modificações nas especificações ou no projeto costumavam ser anotadas.

Os chassis com suspensão de feixes de molas eram numerados de 2000 a 2589. Além desses, houve apenas mais dois outros chassis, CSX2601 e 2602, entre os seis que receberam as carrocerias Daytona. Quase todos eles tinham prefixos CSX, e apenas três se iniciavam com as letras CS; no caso, carros com direção na direita. Seus números eram CS2030, CS2130 e CS2131.

Os prefixos da série europeia de Cobras com chassis de feixes de molas eram compostos pelas letras COB, no caso dos modelos com direção na esquerda, e COX para os equipados com direção na direita. A numeração dessa série se iniciava em 6001, e terminava em 6062.

Os carros com suspensão de molas helicoidais, que a AC denominava Cobras MkII, tinham prefixos CSX, com uma sequência que começava em 3001 e ia até 3360, apresentando algumas discrepâncias, em especial, devido a não conclusão da série de carros de homologação, como se verá na tabela de numeração de chassis que se segue. Houve dois chassis com prefixo CSB: 3027 e 3054.

Os carros com chassis de molas helicoidais destinados à Europa eram equipados com motores de cilindrada igual aos dos utilizados em modelos com suspensão por feixes de molas, que a fábrica denominava AC 4-7. Seus prefixos eram formados pelas letras COB, no caso de direção na direita, e COX, para os modelos com direção na esquerda. A sequência dessa numeração começava em 6101, seguindo até 6127.

A lista de registro de chassis que vem a seguir foi reproduzida dos livros da fábrica da AC, à qual o autor acrescentou comentários, grafados em itálico.

O mostruário de cores de fábrica. Da esquerda para a direita: azul Guardsman (a cor da equipe Shelby do final de 1964 até 1965), prateado, vermelho, verde Vineyard, branco e azul Princess (chamada azul Viking nos Estados Unidos).

À direita: *Os primeiros carros traziam esta placa simples de identificação de chassi, semelhante à do Ace 2.6.*

O primeiro emblema criado para o Cobra era azul, apelidado Cobra "sorridente" ou "de cabeça-chata". Ele foi utilizado, no início, em vários carros CSX (a partir do 2055 até o 2132), e também em alguns das séries COX e COB. Daí em diante, todos os Cobras passaram a ostentar este outro emblema, com a borda vermelha.

AC COBRA – O REGISTRO DE FÁBRICA DOS CHASSIS

Carros Shelby Cobra de feixes de molas exportados

Nº chassi	Data**	Cores da pintura/acabamento	Para*
CSX 2000	20/2/62	Sem pintura	NYA
Primeiro Cobra, carro de demonstração			
Ver fotos pp. 24-27, 36, 37			
CSX 2001	19/7/62	Vermelho/preto	NYA
CSX 2002	24/7/62	Vermelho/preto	LAA
Primeiro carro de corrida			
Ver fotos pp. 33-35, 147			
CSX 2003	27/7/62	Branco/vermelho	NYB
CSX 2004	31/7/62	Vermelho/preto	NYB
Destinado à Ford, utilizado em testes de engenharia			
CSX 2005	30/7/62	Branco/vermelho	NYB
CSX 2006	31/7/62	Branco/vermelho	NYB
CSX 2007	2/8/62	Branco/vermelho	NYB
CSX 2008	8/8/62	Branco/vermelho	LAA
Carro de corrida			
CSX 2009	8/8/62	Vermelho/preto	LAA
Convertido para competições pela Holman-Moody			
Ver foto p. 42			
CSX 2010	12/8/62	Vermelho/preto	LAB
CSX 2011	–/–/62	Vermelho/preto	LAB
Primeiro carro de competição vendido a um consumidor			
CSX 2012	–/–/62	Vermelho/preto	LAB
CSX 2013	31/8/62	Branco/vermelho	LAB
CSX 2014	31/8/62	Branco/vermelho	LAB
Carro de corrida			
CSX 2015	12/9/62	Vermelho/preto	LAB
CSX 2016	12/9/62	Vermelho/preto	LAB
CSX 2017	8/9/62	Vermelho/preto	LAB

Nº chassi	Data**	Cores da pintura/acabamento	Para*
CSX 2018	8/10/62	Preto/preto	NYB
Henry Ford II			
CSX 2019	10/10/62	Vermelho/preto	LAB
PR, depois, Dragonsnake			
CSX 2020	1º/1/63	Vermelho/preto	LAB
Erro; data provável 10/10/62			
CSX 2021	10/10/62	Vermelho/preto	LAB
CSX 2022	11/10/62	Branco/vermelho	LAB
CSX 2023	11/10/62	Branco/vermelho	LAB
CSX 2024	22/10/62	Branco/vermelho	LAB
CSX 2025	2/1/62	Vermelho/preto	LAB
Exposto nos Salões de Londres e Paris			
Erro; data provável 2/10/62			
Ver foto p. 39			
CSX 2026	4/11/62	Vermelho/preto	LAB
Carro de corrida			
Ver foto p. 99			
CSX 2027	22/10/62	Vermelho/preto	NYB
CSX 2028	22/10/62	Branco/vermelho	NYB
CSX 2029	8/10/62	Preto/preto	NYB
CS 2030	–	Vermelho/preto	
Carro de demonstração da AC Cars. O primeiro com direção na direita			
CSX 2031	22/10/62	Branco/vermelho-escuro	NYB
CSX 2032	24/10/62	Branco/vermelho-escuro	LAB
CSX 2033	22/10/62	Branco/vermelho	NYB
CSX 2034	22/10/62	Vermelho/preto	NYB
CSX 2035	25/10/62	Branco/vermelho	LAB
CSX 2036	25/10/62	Branco/vermelho	LAB
CSX 2037	9/11/62	Branco/vermelho	LAB
CSX 2038	25/10/62	Branco/vermelho	LAB
CSX 2039	25/10/62	Branco/vermelho	LAB
CSX 2040	9/11/62	Branco/vermelho	LAB
CSX 2041	9/11/62	Branco/vermelho	LAB
CSX 2042	9/11/62	Branco/vermelho	LAB
CSX 2043	12/11/62	Branco/vermelho	LAB
CSX 2044	12/11/62	Branco/vermelho	LAB
CSX 2045	21/11/62	Branco/vermelho	LAB
CSX 2046	20/11/62	Vermelho/preto	LAB
CSX 2047	20/11/62	Vermelho/preto	LAB
CSX 2048	20/11/62	Vermelho/preto	LAB

Nº chassi	Data**	Cores da pintura/acabamento	Para*
CSX 2049	20/11/62	Vermelho/preto	LAB
CSX 2050	27/11/62	Vermelho/preto	NYB
CSX 2051	27/11/62	Branco/preto	NYB
Ver foto p. 100			
CSX 2052	21/11/62	Branco/preto	NYB
CSX 2053	27/11/62	Branco/preto	NYB
CSX 2054	12/12/62	Branco/preto	LAB
CSX 2055	27/11/62	Branco/preto	LAB
CSX 2056	11/12/62	Preto/preto	LAB
CSX 2057	11/12/62	Preto/preto	LAB
CSX 2058	12/12/62	Preto/preto	LAB
CSX 2059	12/12/62	Preto/preto	LAB
CSX 2060	12/12/62	Preto/preto	LAB
CSX 2061	1º/1/63	Preto/preto	LAB
CSX 2062	1º/1/63	Vermelho/preto	LAB
CSX 2063	1º/1/63	Vermelho/preto	LAB
Ver fotos p. 30			
CSX 2064	1º/1/63	Vermelho/preto	LAB
CSX 2065		Vermelho/preto	LAB
CSX 2066	21/1/63	Vermelho/preto	LAB
CSX 2067	2/1/63	Vermelho/preto	LAB
CSX 2068	21/1/63	Vermelho/preto	LAB
CSX 2069	2/1/63	Preto/vermelho	LAB
CSX 2070	21/1/63	Preto/vermelho	LAB
O primeiro carro com direção mais dura			
CSX 2071	21/1/63	Preto/preto	LAB
CSX 2072	22/1/63	Preto/preto	LAB
CSX 2073	21/1/63	Preto/preto	LAB
CSX 2074	21/1/63	Preto/preto	LAB
CSX 2075	21/1/63	Preto/preto	LAB
CSX 2076	21/1/63	Preto/preto	LAB
CSX 2077	22/1/63	Vermelho/preto	LAB
CSX 2078	22/1/63	Vermelho/preto	LAB
CSX 2079	22/1/63	Vermelho/preto	LAB
CSX 2080	11/2/63	Vermelho/preto	NYB
CSX 2081	11/2/63	Vermelho/preto	LAB
CSX 2082	11/2/63	Vermelho/preto	NYB
CSX 2083	11/2/63	Preto/preto	NYB
CSX 2084	11/2/63	Preto/preto	NYB
CSX 2085	11/2/63	Preto/preto	NYB
CSX 2086	11/2/63	Preto/preto	NYB
CSX 2087	21/2/63	Preto/preto	LAB
CSX 2088	20/2/63	Preto/preto	LAB
CSX 2089	11/2/63	Preto/vermelho	NYB
CSX 2090	21/2/63	Preto/vermelho	LAB
CSX 2091	4/3/63	Preto/vermelho	LAB
CSX 2092	4/3/63	Vermelho/preto	LAB
CSX 2093	20/2/63	Vermelho/preto	LAB
CSX 2094	4/3/63	Vermelho/preto	LAB
CSX 2095	20/3/63	Vermelho/preto	LAB
CSX 2096	4/3/63	Vermelho/preto	LAB
CSX 2097	18/3/63	Vermelho/preto	LAB
CSX 2098	18/3/63	Preto/preto	LAB
CSX 2099	20/3/63	Preto/preto	LAB
CSX 2100	18/3/63	Preto/preto	LAB
CSX 2101	18/3/63	Preto/preto	LAB
CSX 2102	20/3/63	Preto/preto	LAB
CSX 2103	2/4/63	Preto/preto	NYB
CSX 2104	20/3/63	Azul Bright/preto	LAB
CSX 2105	2/4/63	Azul Bright/preto	NYB
CSX 2106	20/3/63	Vermelho/preto	LAB
CSX 2107	2/4/63	Azul Bright/preto	NYB
CSX 2108	2/4/63	Azul Princess/vermelho	NYB
CSX 2109	3/4/63	Azul Princess/vermelho	NYB
CSX 2110	18/4/63	Azul Princess/vermelho	LAB
CSX 2111	18/4/63	Azul Princess/vermelho	LAB
CSX 2112	3/4/63	Verde Vineyard/bege	NYB
CSX 2113	18/4/63	Verde Vineyard/bege	LAB
CSX 2114	18/4/63	Verde Vineyard/bege	LAB

Data* Data de saída da fábrica da AC.
Para* Destino e meio de transporte:
DA = Detroit via aérea
LAA = Los Angeles via aérea
LAB = Los Angeles via marítima (boat)
NYA = Nova York via aérea
NYB = Nova York via marítima
TA = Turim via aérea

AC COBRA

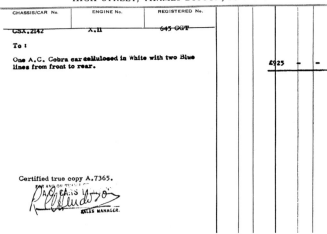

Data** Data de saída da fábrica da AC.
Para* Destino e meio de transporte:
DA = Detroit via aérea
LAA = Los Angeles via aérea
LAB = Los Angeles via marítima (boat)
NYA = Nova York via aérea
NYB = Nova York via marítima
TA = Turim via aérea

Nº chassi	Data**	Cores da pintura/acabamento	Para*
CSX 2115	18/4/63	Verde Vineyard/bege	LAB
CSX 2116	18/4/63	Azul Bright/preto	LAB
CSX 2117	2/5/63	Azul Bright/preto	LAB
CSX 2118	2/5/63	Azul Bright/preto	LAB
CSX 2119	2/5/63	Verde Vineyard/bege	LAB
CSX 2120	2/5/63	Verde Vineyard/bege	LAB
CSX 2121	23/5/63	Azul Princess/vermelho	LAB
CSX 2122	2/4/63	Azul Princess/vermelho	LAB
CSX 2123	2/7/63	Azul Bright/preto	LAB
CSX 2124	1º/7/63	Azul Bright/preto	LAB
CSX 2125	23/5/63	Azul Metaline/preto	LAB
CSX 2126	31/1/63	Vermelho/preto	LAA
	Cobra com pinhão e cremalheira. Reembarcado em 9 de março de 1964. Primeiro carro com pinhão e cremalheira		
CSX 2127	7/3/63	Preto/preto	LAA
	Cobra com pinhão e cremalheira Ver foto p. 41		
CSX 2128	7/3/63	Preto/preto	LAA
	Cobra com pinhão e cremalheira Ver fotos pp. 42-44		
CSX 2129	20/3/63	Vermelho/preto	LAB
CS 2130	5/4/63	Primer/preto	
	Carro de corrida com direção na direita de Peter Jopp Posteriormente pertencente à Willments		
CS 2131		Verde British Racing/preto	
	AC Le Mans 1963. Equipe Willment Ver fotos pp. 45, 46, 48, 49, 59-61		
CSX 2132	23/5/63	Azul Metaline/preto	LAB
CSX 2133	23/5/63	Azul Metaline/preto	LAB
CSX 2134	25/6/63	Branco Off/vermelho	NYB
CSX 2135	25/6/63	Branco Off/vermelho	NYB
	Le Mans Réplica		
CSX 2136	26/6/63	Primer/preto	NYB
	Le Mans Réplica		

Nº chassi	Data**	Cores da pintura/acabamento	Para*
CSX 2137	26/6/63	Primer/preto	NYB
	Le Mans Réplica Ver fotos pp. 50-59		
CSX 2138	26/6/63	Primer/preto	NYB
	Le Mans Réplica Ver foto p. 99		
CSX 2139	26/6/63	Verde Vineyard/preto	LAB
CSX 2140	26/6/63	Branco Off/vermelho	NYB
CSX 2141	1º/7/63	Verde Vineyard/bege	LAB
CSX 2142		Azul com listras brancas/preto	
	Carro Le Mans da (Hugus) American Exportado em 10/10/63 para a Cidade do Cabo Ver fotos pp. 45-47, 49, 59-61		
CSX 2143	1º/7/63	Verde Vineyard/bege	LAB
CSX 2144	1º/7/63	Azul Bright/preto	LAB
CSX 2145	2/7/63	Azul Bright/preto	NYB
CSX 2146	2/7/63	Azul Bright/preto	NYB
CSX 2147	11/7/63	Azul Bright/preto	LAB
CSX 2148	11/7/63	Azul Bright/preto	LAB
CSX 2149	11/7/63	Branco Off/vermelho	LAB
CSX 2150	2/7/63	Branco/vermelho	NYB
CSX 2151	10/7/63	Verde Vineyard/bege	LAB
CSX 2152	10/7/63	Verde Vineyard/bege	LAB
CSX 2153	10/7/63	Branco/preto	LAB
CSX 2154	2/7/63	Primer/preto	NYB
	Le Mans Réplica		
CSX 2155	2/7/63	Primer/preto	NYB
	Le Mans Réplica Ver fotos pp. 53, 55		
CSX 2156	2/7/63	Primer/preto	NYB
	Le Mans Réplica		
CSX 2157	11/7/63	Branco/preto	LAB
CSX 2158	11/7/63	Branco/preto	LAB
CSX 2159	18/7/63	Prata/vermelho	LAB
CSX 2160	18/7/63	Prata/vermelho	LAB
SCX 2161	18/7/63	Prata/vermelho	LAB
CSX 2161	18/7/63	Prata/vermelho	LAB
CSX 2162	22/7/63	Azul Princess/vermelho	LAB
CSX 2163	22/7/63	Azul Princess/vermelho	LAB
CSX 2164	30/7/63	Azul Princess/vermelho	LAB
CSX 2165	23/8/63	Vermelho Svecia/preto	LAB
CSX 2166	30/7/63	Vermelho Svecia/preto	LAB
CSX 2167	27/8/63	Vermelho Svecia/preto	LAB
CSX 2168	23/8/63	Rouge Irise/preto	LAB
CSX 2169	27/8/63	Rouge Irise/preto	LAB
CSX 2170	9/9/63	Rouge Irise/preto	LAB
CSX 2171	6/9/63	Branco/vermelho	LAB
CSX 2172	6/9/63	Branco/vermelho	LAB
CSX 2173	26/8/63	Branco/vermelho	LAB
CSX 2174	26/8/63	Verde Vineyard/bege	LAB
CSX 2175	6/9/63	Verde Vineyard/bege	LAB
CSX 2176	6/9/63	Verde Vineyard/bege	LAB
CSX 2177	9/9/63	Verde Vineyard/bege	LAB
CSX 2178	9/9/63	Verde Vineyard/bege	LAB
CSX 2179	27/9/63	Verde Vineyard/bege	LAB
CSX 2180	26/9/63	Verde Vineyard/bege	LAB
CSX 2181	26/9/63	Verde Vineyard/bege	LAB
CSX 2182	9/9/63	Verde Vineyard/bege	LAB
CSX 2183	27/9/63	Verde Vineyard/bege	LAB
CSX 2184	30/9/63	Verde Vineyard/bege	LAB
CSX 2185	27/9/63	Branco/vermelho	LAB
CSX 2186	18/10/63	Branco/vermelho	LAB
CSX 2187	27/9/63	Branco/vermelho	LAB
CSX 2188	16/10/63	Branco/vermelho	LAB
CSX 2189	30/9/63	Branco/vermelho	LAB
	Ver foto p. 98		
CSX 2190	26/9/63	Azul Bright/preto	LAB
CSX 2191	26/9/63	Azul Bright/preto	LAB
CSX 2192	27/9/63	Azul Bright/preto	LAB

Nº chassi	Data**	Cores da pintura/acabamento	Para*
CSX 2193	17/10/63	Azul Bright/preto	LAB
	Ver fotos pp. 74-75		
CSX 2194	16/10/63	Azul Bright/preto	LAB
CSX 2195	27/9/63	Azul Bright/preto	LAB
CSX 2196	7/11/63	Vermelho/preto	LAB
	7-litros experimental Ver fotos p. 63		
CSX 2197	17/10/63	Vermelho/preto	LAB
CSX 2198	16/10/63	Vermelho/preto	LAB
CSX 2199	16/10/63	Vermelho/preto	LAB
CSX 2200	17/10/63	Vermelho/preto	LAB
CSX 2201	17/10/63	Azul Princess/vermelho	LAB
	Novo contrato Shelby American		
CSX 2202	18/10/63	Azul Princess/vermelho	LAB
CSX 2203	25/10/63	Azul Princess/vermelho	LAB
CSX 2204	18/10/63	Azul Princess/vermelho	LAB
CSX 2205	25/10/63	Azul Princess/vermelho	LAB
CSX 2206	18/10/63	Branco/vermelho	LAB
CSX 2207	25/10/63	Verde Vineyard/bege	LAB
CSX 2208	25/10/63	Branco/vermelho	LAB
CSX 2209	8/11/63	Branco/vermelho	LAB
CSX 2210	8/11/63	Vermelho/preto	LAB
CSX 2211	7/11/63	Preto/preto	LAB
CSX 2212	14/11/63	Preto/preto	LAB
CSX 2213	7/11/63	Preto/preto	LAB
CSX 2214	14/11/63	Preto/preto	LAB
CSX 2215	15/11/63	Preto/preto	LAB
CSX 2216	7/11/63	Branco/vermelho	LAB
CSX 2217	8/11/63	Verde Vineyard/bege	LAB
CSX 2218	8/11/63	Verde Vineyard/bege	LAB
CSX 2219	15/11/63	Vermelho/preto	LAB
CSX 2220	14/11/63	Azul Princess/vermelho	LAB
CSX 2221	19/12/63	Vermelho/preto	LAB
CSX 2222	14/11/63	Azul Princess/vermelho	LAB
CSX 2223	15/11/63	Vermelho/preto	LAB
CSX 2224	19/11/63	Vermelho/preto	LAB
CSX 2225	13/11/63	Azul Princess/vermelho	LAB
CSX 2226	19/11/63	Branco/vermelho	LAB
CSX 2227	14/11/63	Azul Princess/vermelho	LAB
CSX 2228	19/12/63	Azul Princess/vermelho	LAB
CSX 2229	14/11/63	Azul Princess/vermelho	LAB
CSX 2230	19/11/63	Branco/vermelho	LAB
CSX 2231	20/11/63	Branco/vermelho	LAB
CSX 2232	19/11/63	Branco/preto	LAB
CSX 2233	27/11/63	Azul Princess/vermelho	LAB
CSX 2234	27/11/63	Vermelho/preto	LAB
CSX 2235	6/12/63	Azul Bright/preto	LAB
CSX 2236	27/11/63	Vermelho/preto	LAB
CSX 2237	20/11/63	Branco/vermelho	LAB
CSX 2238	29/11/63	Vermelho/preto	LAB
CSX 2239	26/11/63	Vermelho/preto	LAB
CSX 2240	26/11/63	Azul Princess/vermelho	LAB
CSX 2241	6/12/63	Vermelho/preto	LAB
CSX 2242	16/12/63	Azul Princess/vermelho	LAB
CSX 2243	29/11/63	Vermelho/preto	LAB
CSX 2244	27/11/63	Vermelho/preto	LAB
CSX 2245	29/11/63	Azul Bright/vermelho	LAB
CSX 2246	5/12/63	Azul Princess/vermelho	LAB
CSX 2247	29/11/63	Azul Bright/preto	LAB
CSX 2248	6/12/63	Azul Princess/vermelho	LAB
CSX 2249	6/12/63	Azul Princess/vermelho	LAB
CSX 2250	6/12/63	Branco/vermelho	LAB
CSX 2251	6/12/63	Branco/vermelho	LAB
CSX 2252	17/12/63	Azul Princess/vermelho	LAB
CSX 2253	5/12/63	Branco/preto	LAB
CSX 2254	6/12/63	Branco/vermelho	LAB
CSX 2255	16/12/63	Branco/vermelho	LAB
CSX 2256	16/12/63	Rouge Irise/preto	LAB
CSX 2257	16/12/63	Branco/vermelho	LAB

AC COBRA – O REGISTRO DE FÁBRICA DOS CHASSIS

Nº chassi	Data**	Cores da pintura/acabamento	Para*
CSX 2258	16/12/63	Rouge Irise/bege	LAB
CSX 2259	10/12/63	Sem pintura/preto	LAB
Carro de corrida com arcos de para-lamas traseiros alargados			
Ver foto p. 77			
CSX 2260	24/12/63	Sem pintura/preto	LAB
Carro de corrida com arcos de para-lamas traseiros alargados			
Ver fotos pp. 80, 81, 111-113, 115, 129, 130			
CSX 2261	30/12/63	Vermelho/preto	LAB
CSX 2262	17/12/63	Branco/vermelho	LAB
CSX 2263	16/12/63	Rouge Irise/bege	LAB
CSX 2264	30/12/63	Branco/vermelho	LAB
CSX 2265	30/12/63	Branco/vermelho	LAB
CSX 2266	17/12/63	Rouge Irise/bege	LAB
CSX 2267	16/12/63	Azul Bright/vermelho	LAB
CSX 2268	17/12/63	Rouge Irise/bege	LAB
CSX 2269	30/12/63	Vermelho/preto	LAB
CSX 2270	17/12/63	Rouge Irise/bege	LAB
CSX 2271	30/12/63	Prata/vermelho	LAB
CSX 2272	30/12/63	Branco/vermelho	LAB
CSX 2273	30/12/63	Rouge Irise/bege	LAB
CSX 2274	30/12/63	Branco/preto	LAB
CSX 2275	30/12/63	Prata/vermelho	LAB
CSX 2276	30/12/63	Prata/vermelho	LAB
CSX 2277	6/1/64	Prata/vermelho	LAB
CSX 2278	6/1/64	Branco/preto	LAB
CSX 2279	6/1/64	Prata/vermelho	LAB
CSX 2280	7/1/64	Azul Bright/preto	LAB
CSX 2281	16/1/64	Branco/preto	LAB
CSX 2282	20/1/64	Azul Princess/vermelho	LAB
CSX 2283	6/1/64	Branco/vermelho	LAB
CSX 2284	6/1/64	Branco/preto	LAB
CSX 2285	6/1/64	Azul Bright/preto	LAB
CSX 2286	22/11/63	Chassi somente	LAA
Cupê Daytona			
Ver fotos pp.132, 133			
CSX 2287	22/11/63	Chassi somente	LAA
Cupê Daytona			
Ver fotos pp. 64, 77, 84, 86-88			
CSX 2288	6/1/64	Branco/vermelho	LAB
CSX 2289	16/1/64	Azul Bright/vermelho	LAB
CSX 2290	3/2/64	Vermelho/preto	LAB
CSX 2291	7/1/64	Azul Bright/vermelho	LAB
CSX 2292	6/1/64	Azul Bright/preto	LAB
CSX 2293	19/1/64	Branco/vermelho	LAB
CSX 2294	16/1/64	Branco/vermelho	LAB
CSX 2295	20/1/64	Azul Princess/vermelho	LAB
CSX 2296	16/1/64	Azul Bright/vermelho	LAB
CSX 2297	16/1/64	Azul Bright/vermelho	LAB
CSX 2298	30/1/64	Azul Princess/vermelho	LAB
CSX 2299	29/11/63	Chassi somente	LAA
Cupê Daytona			
Ver fotos pp. 65-68, 87-89, 110, 114, 124-125, 130, 133			
CSX 2300	29/11/63	Chassi somente	LAA
Cupê Daytona			
Ver foto p. 125			
CSX 2301	20/1/64	Sem pintura/preto	LAB
Carro de corrida com arcos de para-lamas traseiros alargados			
Ver fotos p. 82, 84, 85, 111, 113, 115, 129			
CSX 2302	20/1/64	Vermelho/preto	LAB
Informação prestada por Lucas			
Chassi 2166 até 2302 133 carros			
CSX 2303	30/1/64	Vermelho/preto	LAB
CSX 2304	30/1/64	Vermelho/preto	LAB
CSX 2305	30/1/64	Azul Princess/vermelho	LAB
CSX 2306	30/1/64	Azul Princess/vermelho	LAB
CSX 2307	3/2/64	Vermelho/preto	LAB
CSX 2308	30/1/64	Vermelho/preto	LAB
CSX 2309	3/2/64	Preto/preto	LAB
CSX 2310	31/1/64	Preto/preto	LAB
CSX 2311	3/2/64	Verde Vineyard/preto	LAB
CSX 2312	31/1/64	Verde Vineyard/preto	LAB
Ver fotos pp. 75, 76			
CSX 2313	6/2/64	Verde Vineyard/bege	LAB
CSX 2314	7/2/64	Preto/preto	LAB
CSX 2315	6/2/64	Preto/preto	LAB
CSX 2316	6/2/64	Rouge Irise/bege	LAB
CSX 2317	6/2/64	Verde Vineyard/bege	LAB
CSX 2318	7/2/64	Rouge Irise/bege	LAB
CSX 2319	6/2/64	Preto/preto	LAB
CSX 2320	7/2/64	Rouge Irise/bege	LAB
CSX 2321	10/2/64	Prata/preto	LAB
CSX 2322	6/2/64	Rouge Irise/bege	LAB
CSX 2323	18/2/64	Primer/preto	LAB
Carro de corrida com para-lamas traseiros largos			
Ver fotos pp. 80, 82-84, 125			
CSX 2324	7/2/64	Prata/preto	LAB
CSX 2325	10/2/64	Preto/preto	LAB
CSX 2326	14/2/64	Azul Bright/vermelho	LAB
CSX 2327	10/2/64	Prata/preto	LAB
CSX 2328	26/2/64	Vermelho/preto	LAB
CSX 2329	14/2/64	Preto/vermelho	LAB
CSX 2330	10/2/64	Prata/preto	LAB

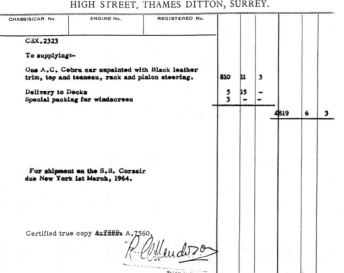

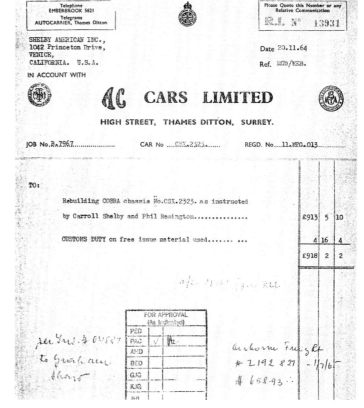

Durante a temporada europeia de 1964, Carroll Shelby e John Wyer costumavam mandar de volta para a AC os carros avariados que podiam ser reparados pelos mecânicos da equipe nos circuitos, para serem recuperados. A fábrica fez um bom trabalho no carro com o qual Arena saiu da pista em Nürburgring, e nem sequer teve de substituir o motor e a caixa de câmbio, pois foi decidido que eles permaneceriam na Inglaterra como peças de reserva.

AC COBRA

Data** Data de saída da fábrica da AC.

Para* Destino e meio de transporte:
DA = Detroit via aérea
LAA = Los Angeles via aérea
LAB = Los Angeles via marítima (boat)
NYA = Nova York via aérea
NYB = Nova York via marítima
TA = Turim via aérea

Nº chassi	Data**	Cores da pintura/acabamento	Para*
CSX 2331	26/2/64	Azul Bright/preto	LAB
CSX 2332	14/2/64	Azul Bright/vermelho	LAB
CSX 2333	25/2/64	Azul Bright/vermelho	LAB
CSX 2334	14/2/64	Prata/preto	LAB
CSX 2335	17/2/64	Vermelho/preto	LAB
CSX 2336	17/2/64	Vermelho/preto	LAB
CSX 2337	18/3/64	Vermelho/preto	LAB
CSX 2338	25/2/64	Vermelho/preto	LAB
CSX 2339	27/2/64	Azul Bright/vermelho	LAB
CSX 2340	26/2/64	Vermelho/preto	LAB
CSX 2341	27/2/64	Azul Bright/vermelho	LAB
CSX 2342	5/3/64	Prata/preto	LAB
CSX 2343	26/2/64	Prata/preto	LAB
CSX 2344	26/2/64	Azul Princess/preto	LAB
CSX 2345	18/2/64	Primer/preto	LAB
		Carro de corrida com para-lamas traseiros largos	
		Ver fotos pp. 69-73, 81, 83, 84, 111, 115, 130	
CSX 2346	5/3/64	Prata/preto	LAB
CSX 2347	13/3/64	Vermelho/preto	LAB
		Rodas cromadas	
CSX 2348	5/3/64	Prata/preto	LAB
CSX 2349	9/3/64	Vermelho/preto	LAB
CSX 2350	5/3/64	Prata/preto	LAB
CSX 2351	5/3/64	Azul Princess/vermelho	LAB
CSX 2352	26/2/64	Azul Princess/vermelho	LAB
CSX 2353	8/4/64	Azul Princess/vermelho	LAB
CSX 2354	17/3/64	Rouge Irise/preto	LAB
CSX 2355	6/3/64	Prata/vermelho	LAB
CSX 2356	6/3/64	Azul Princess/vermelho	LAB
CSX 2357	6/3/64	Azul Princess/preto	LAB
CSX 2358	9/3/64	Vermelho/preto	LAB
CSX 2359	16/3/64	Vermelho/preto	LAB
CSX 2360	6/3/64	Azul Bright/vermelho	LAB
CSX 2361	9/3/64	Azul Bright/preto	LAB
CSX 2362	6/3/64	Azul Bright/vermelho	LAB
CSX 2363	6/3/64	Azul Bright/vermelho	LAB
CSX 2364	16/3/64	Vermelho/preto	LAB
CSX 2365	9/3/64	Vermelho/preto	LAB
CSX 2366	14/3/64	Azul Bright/preto	LAB
CSX 2367	14/3/64	Azul Bright/preto	LAB
CSX 2368	8/4/64	Azul Bright/vermelho	LAB
CSX 2369	9/3/64	Azul Bright/preto	LAB
CSX 2370	18/3/64	Vermelho/preto	LAB
CSX 2371	31/3/64	Vermelho/preto	LAB
CSX 2372	13/3/64	Rouge Irise/preto	LAB
CSX 2373	14/4/64	Prata/vermelho	LAB
CSX 2374	17/3/64	Rouge Irise/preto	LAB
CSX 2375	17/3/64	Rouge Irise/preto	LAB
CSX 2376	31/3/64	Rouge Irise/preto	LAB
CSX 2377	31/3/64	Rouge Irise/preto	LAB
CSX 2378	17/3/64	Vermelho/preto	LAB
CSX 2379	31/3/64	Vermelho/preto	LAB
CSX 2380	1º/4/64	Rouge Irise/preto	LAB
CSX 2381	8/4/64	Prata/vermelho	LAB
CSX 2382	1º/4/64	Azul Princess/vermelho	LAB
CSX 2383	1º/4/64	Azul Princess/vermelho	LAB
CSX 2384	1º/4/64	Vermelho/preto	LAB
CSX 2385	7/4/64	Sem pintura/preto	LAB
		Carro de corrida com para-lamas traseiros largos	
CSX 2386	9/4/64	Prata/vermelho	LAB
CSX 2387	8/4/64	Azul Bright/vermelho	LAB
CSX 2388	9/4/64	Prata/vermelho	LAB
CSX 2389	8/4/64	Azul Bright/vermelho	LAB
CSX 2390	8/4/64	Vermelho/preto	LAB
CSX 2391	8/4/64	Vermelho/preto	LAB
CSX 2392	14/4/64	Vermelho/preto	LAB
CSX 2393	8/4/64	Prata/vermelho	LAB
CSX 2394	15/4/64	Prata/preto	LAB
CSX 2395	8/4/64	Prata/preto	LAB
CSX 2396	8/4/64	Azul Bright/preto	LAB
CSX 2397	23/4/64	Prata/preto	LAB
CSX 2398	14/4/64	Vermelho/preto	LAB
CSX 2399	15/4/64	Rouge Irise/preto	LAB
CSX 2400	14/4/64	Prata/preto	LAB
CSX 2401	23/4/64	Branco/vermelho	LAB
CSX 2402	22/4/64	Verde Vineyard/bege	LAB
CSX 2403	22/4/64	Verde Vineyard/bege	LAB
CSX 2404	23/4/64	Azul Princess/vermelho	LAB
CSX 2405	12/5/64	Vermelho/preto	LAB
CSX 2406	22/4/64	Verde Vineyard/bege	LAB
CSX 2407	23/4/64	Branco/vermelho	LAB
CSX 2408	23/4/64	Azul Princess/vermelho	LAB
CSX 2409	22/4/64	Sem pintura/preto	LAB
		Carro de corrida com para-lamas traseiros largos	
CSX 2410	30/4/64	Azul Princess/vermelho	LAB
CSX 2411	23/4/64	Azul Princess/preto	LAB
CSX 2412	22/4/64	Verde Vineyard/bege	LAB
CSX 2413	23/4/64	Vermelho/preto	LAB
CSX 2414	23/4/64	Branco/vermelho	LAB
CSX 2415	4/5/64	Vermelho/preto	LAB
CSX 2416	1º/5/64	Azul Princess/preto	LAB
CSX 2417	30/4/64	Azul Princess/vermelho	LAB
CSX 2418	11/5/64	Vermelho/preto	LAB
CSX 2419	12/5/64	Vermelho/preto	LAB
CSX 2420	29/4/64	Verde Vineyard/bege	LAB
CSX 2421	1º/5/64	Branco/vermelho	LAB
CSX 2422	30/4/64	Verde Vineyard/preto	LAB
CSX 2423	29/4/64	Verde Vineyard/preto	LAB
CSX 2424	11/5/64	Vermelho/preto	LAB
CSX 2425	12/5/64	Branco/vermelho	LAB
CSX 2426	30/4/64	Verde Vineyard/preto	LAB
CSX 2427	4/5/64	Verde Vineyard/preto	LAB
CSX 2428	12/5/64	Vermelho/preto	LAB
CSX 2429	1º/5/64	Verde Vineyard/preto	LAB
CSX 2430	1º/5/64	Verde Vineyard/preto	LAB
		Ver foto p. 100	
CSX 2431	29/4/64	Sem pintura/preto	LAB
		Carro de corrida com para-lamas traseiros largos	
		Ver fotos pp. 91-95	
CSX 2432	20/5/64	Branco/preto	LAB
CSX 2433	11/5/64	Verde Vineyard/preto	LAB
CSX 2434	11/5/64	Verde Vineyard/bege	LAB
CSX 2435	11/5/64	Verde Vineyard/bege	LAB
CSX 2436	20/5/64	Rouge Irise/bege	LAB
CSX 2437	13/5/64	Branco/vermelho	LAB
CSX 2438	20/5/64	Vermelho/preto	LAB
CSX 2439	13/5/64	Branco/vermelho	LAB
CSX 2440	20/5/64	Branco/vermelho	LAB
CSX 2441	11/5/64	Prata/vermelho	LAB
CSX 2442	20/5/64	Vermelho/preto	LAB
CSX 2443	28/5/64	Rouge Irise/bege	LAB
CSX 2444	22/5/64	Rouge Irise/preto	LAB
CSX 2445	2/6/64	Azul Princess/vermelho	LAB
CSX 2446	20/5/64	Rouge Irise/bege	LAB
CSX 2447	25/5/64	Branco/preto	LAB
CSX 2448	22/5/64	Rouge Irise/bege	LAB
CSX 2449	25/5/64	Rouge Irise/preto	LAB
CSX 2450	17/6/64	Vermelho/preto	LAB
CSX 2451	27/3/64	Chassi completo, com motor e câmbio. Sibona-Basano Turim, Itália	TA
		Ver fotos p. 157	
CSX 2452	8/6/64	Azul Bright/preto	LAB
CSX 2453	8/6/64	Preto/preto	LAB
CSX 2454	28/5/64	Azul Princess/preto	LAB
CSX 2455	29/5/64	Rouge Irise/preto	LAB
CSX 2456	29/5/64	Rouge Irise/preto	LAB
CSX 2457	1º/6/64	Rouge Irise/preto	LAB
CSX 2458	13/5/64	Sem pintura/preto	LAB
		Carro de corrida especial com para-lamas traseiros largos	
CSX 2459	27/5/64	Sem pintura/preto	LAB
		Carro de corrida especial com para-lamas traseiros largos	
CSX 2460	16/6/64	Azul Bright/preto	LAB
CSX 2461	1º/6/64	Azul Princess/preto	LAB
CSX 2462	1º/6/64	Branco/preto	LAB
CSX 2463	8/6/64	Azul Bright/preto	LAB
CSX 2464	2/6/64	Azul Princess/preto	LAB
CSX 2465	8/6/64	Azul Princess/preto	LAB
CSX 2466	16/6/64	Preto/preto	LAB
CSX 2467	1º/6/64	Azul Princess/preto	LAB
CSX 2468	16/6/64	Preto/preto	LAB
CSX 2469	16/6/64	Azul Bright/preto	LAB
CSX 2470	8/6/64	Azul Bright/preto	LAB
CSX 2471	8/6/64	Azul Bright/preto	LAB
CSX 2472	16/6/64	Azul Bright/preto	LAB
CSX 2473	15/6/64	Preto/preto	LAB
CSX 2474	2/7/64	Branco/preto	LAB
CSX 2475	25/6/64	Branco/preto	LAB
CSX 2476	25/6/64	Branco/preto	LAB
CSX 2477	15/6/64	Preto/preto	LAB
CSX 2478	15/6/64	Verde Vineyard/preto	LAB
CSX 2479	16/6/64	Verde Vineyard/preto	LAB
CSX 2480	25/6/64	Verde Vineyard/preto	LAB
CSX 2481	15/6/64	Verde Vineyard/preto	LAB
CSX 2482	17/6/64	Vermelho/preto	LAB
CSX 2483	25/6/64	Verde Vineyard/preto	LAB
CSX 2484	25/6/64	Vermelho/preto	LAB
CSX 2485	2/7/64	Branco/preto	LAB
CSX 2486	25/6/64	Vermelho/preto	LAB
CSX 2487	14/7/64	Prata/preto	LAB
CSX 2488	16/6/64	Sem pintura/preto	LAB
		Carro de corrida especial com para-lamas traseiros largos	
		Ver fotos pp. 96, 97, 101	
CSX 2489	2/7/64	Branco/preto	LAB
CSX 2490	25/6/64	Vermelho/preto	LAB
CSX 2491	2/7/64	Branco/preto	LAB
CSX 2492	2/7/64	Vermelho/preto	LAB
CSX 2493	25/6/64	Branco/preto	LAB
CSX 2494	23/6/64	Sem pintura/preto	LAB
		Carro de corrida especial com para-lamas traseiros largos	
		Ver fotos pp. 101-103	
CSX 2495	2/7/64	Vermelho/preto	LAB
CSX 2496	6/7/64	Branco/preto	LAB
CSX 2497	2/7/64	Vermelho/preto	LAB
CSX 2498	6/7/64	Branco/preto	LAB
CSX 2499	2/7/64	Branco/preto	LAB
CSX 2500	13/7/64	Prata/preto	LAB
CSX 2501	6/7/64	Prata/preto	LAB
CSX 2502	2/7/64	Vermelho/preto	LAB
CSX 2503	2/7/64	Preto/vermelho	LAB
CSX 2504	6/7/64	Preto/preto	LAB
CSX 2505	14/7/64	Rouge Irise/bege	LAB
CSX 2506	6/7/64	Preto/preto	LAB
CSX 2507	14/7/64	Prata/preto	LAB
CSX 2508	14/7/64	Rouge Irise/bege	LAB
CSX 2509	14/7/64	Preto/preto	LAB
CSX 2510	14/7/64	Preto/preto	LAB
CSX 2511	6/7/64	Preto/preto	LAB
CSX 2512	27/7/64	Prata/preto	LAB
CSX 2513	13/7/64	Sem pintura/preto	LAB
		Carro de corrida	
CSX 2514	30/6/64	Sem pintura/preto	LAB
		Carro de corrida especial com para-lamas traseiros largos	
CSX 2515	27/7/64	Rouge Irise/bege	LAB
CSX 2516	27/7/64	Verde Vineyard/preto	LAB
CSX 2517	27/7/64	Rouge Irise/bege	LAB
CSX 2518	27/7/64	Rouge Irise/bege	LAB

AC COBRA – O REGISTRO DE FÁBRICA DOS CHASSIS

Nº chassi	Data**	Cores da pintura/acabamento	Para*
CSX 2519	14/7/64	Verde Vineyard/preto	LAB
CSX 2520	24/7/64	Verde Vineyard/preto	LAB
CSX 2521	24/7/64	Verde Vineyard/preto	LAB
CSX 2522	13/7/64	Branco/vermelho	LAB
		Este é o carro com a pintura especial de secagem lenta ICI	
CSX 2523	24/7/64	Azul Princess/preto	LAB
CSX 2524	11/8/64	Branco/vermelho	LAB
CSX 2525	24/7/64	Azul Princess/preto	LAB
CSX 2526	27/7/64	Preto/vermelho	LAB
CSX 2527	27/7/64	Rouge Irise/preto	LAB
CSX 2528	20/8/64	Branco/vermelho	LAB
CSX 2529	14/8/64	Rouge Irise/preto	LAB
CSX 2530	27/7/64	Rouge Irise/preto	LAB
CSX 2531	12/8/64	Rouge Irise/preto	LAB
CSX 2532	11/8/64	Azul Princess/vermelho	LAB
CSX 2533	20/8/64	Branco/vermelho	LAB
CSX 2534	11/8/64	Azul Princess/preto	LAB
CSX 2535	11/8/64	Azul Princess/vermelho	LAB
CSX 2536	14/8/64	Branco/vermelho	LAB
CSX 2537	14/8/64	Branco/vermelho	LAB
CSX 2538	7/9/64	Vermelho/preto	LAB
CSX 2539	12/8/64	Vermelho/preto	LAB
CSX 2540	20/8/64	Branco/vermelho	LAB
CSX 2541	14/8/64	Branco/vermelho	LAB
CSX 2542	20/8/64	Preto/vermelho	LAB
CSX 2543	20/8/64	Branco/vermelho	LAB
CSX 2544	21/8/64	Preto/vermelho	LAB
CSX 2545	20/8/64	Branco/vermelho	LAB
CSX 2546	7/9/64	Preto/vermelho	LAB
CSX 2547	20/8/64	Azul Bright/vermelho	LAB
CSX 2548	20/8/64	Branco/vermelho	LAB
CSX 2549	27/8/64	Preto/vermelho	LAB
CSX 2550	7/8/64	Vermelho/preto	LAB
CSX 2551	27/8/64	Prata/vermelho	LAB
CSX 2552	20/8/64	Azul Bright/vermelho	LAB
CSX 2553	21/8/64	Azul Bright/vermelho	LAB
CSX 2554	20/8/64	Azul Bright/vermelho	LAB
CSX 2555	27/9/64	Azul Princess/vermelho	LAB
CSX 2556	20/8/64	Preto/vermelho	LAB
CSX 2557R	20/8/64	Sem pintura/preto	LAB
		Carro de corrida	
CSX 2558R	21/8/64	Sem pintura/preto	LAA
		Carro de corrida	
CSX 2559	20/8/64	Azul Bright/vermelho	LAB
CSX 2560	20/8/64	Preto/vermelho	LAB
CSX 2561	28/8/64	Branco/vermelho	LAB
CSX 2562	27/9/64	Prata/vermelho	LAB
CSX 2563	27/9/64	Preto/vermelho	LAB
CSX 2564	7/9/64	Preto/vermelho	LAB
CSX 2565	27/8/64	Azul Princess/vermelho	LAB
CSX 2566	27/9/64	Prata/vermelho	LAB
CSX 2567	28/8/64	Prata/vermelho	LAB
CSX 2568	27/8/64	Azul Princess/vermelho	LAB
CSX 2569	20/8/64	Preto/vermelho	LAB
CSX 2570	7/9/64	Azul Princess/vermelho	LAB
CSX 2571	7/8/64	Vermelho/preto	LAB
CSX 2572	15/9/64	Vermelho/preto	LAB
CSX 2573	16/9/64	Vermelho/preto	LAB
CSX 2574	15/9/64	Vermelho/preto	LAB
CSX 2575	16/9/64	Prata/vermelho	LAB
CSX 2576	15/9/64	Vermelho/preto	LAB
CSX 2577	16/9/64	Azul Bright/preto	LAB
CSX 2578	14/9/64	Vermelho/preto	LAB
CSX 2579	14/9/64	Vermelho/preto	LAB
CSX 2580	15/9/64	Vermelho/preto	LAB
CSX 2581	16/9/64	Azul Bright/preto	LAB
CSX 2582	16/9/64	Azul Bright/preto	LAB
CSX 2583	16/9/64	Rouge Irise/preto	LAB
CSX 2584	17/10/64	Prata/preto	LAB
CSX 2585	17/10/64	Prata/preto	LAB
CSX 2586	19/10/64	Branco/preto	LAB
CSX 2587	19/10/64	Branco/preto	LAB
CSX 2588	20/11/64	Rouge Irise/preto	LAB
CSX 2589	20/11/64	Rouge Irise/preto	LAB
CSX 2601	18/8/64	Chassi especial	
		Para Milão via aérea (BEA) Carroll Shelby Cupê Datona (sic). Cupê Daytona	
		Ver fotos pp. 124, 126, 128, 132, 134	
CSX 2602		Chassi especial, gabarito, motor e câmbio Para Milão via aérea (BEA) Carroll Shelby cupê Daytona (sic). Cupê Daytona	
		Ver fotos pp. 123, 127, 128, 131	
CSX 2701	16/10/64	Chassi Cobra	DA
		Renumerado 3001	
CSX 2702	23/10/64	Chassi Cobra	LAA
		Renumerado 3002	

Visando aumentar os lucros, mas, sobretudo, divulgar o nome Cobra, havia uma linha de produtos chamada Racing Accessories.

Além dos Cobras propriamente ditos, vários de seus acessórios podiam também ser utilizados em outros carros Ford.

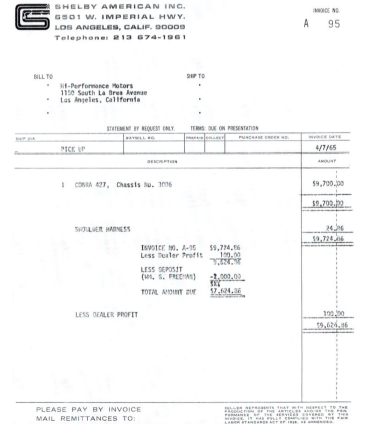

Nº chassi	Data**	Cores da pintura/acabamento Para*
		MkII exportados para Carroll Shelby
CSX 3001	23/10/64	Chassi somente DA
		Primeiro carro com o novo chassi de molas helicoidais
		Embarcado como 2701. Renumerado CSX 3001
		Renumerado do 2701
CSX 3002	23/10/64	Sem pintura/preto
		Carro de corrida com molas helicoidais
		Embarcado como 2702. Renumerado CSX 3002
		Único carro 7-litros da equipe
		Renumerado do 2702
CSX 3003	1º/1/65	Sem pintura/preto LAA
		Carro de corrida com molas helicoidais. Halibrands
		Ver fotos pp. 141, 142
CSX 3004	1º/1/65	Sem pintura/preto LAA
		Carro de corrida com molas helicoidais. Halibrands
CSX 3005	4/1/65	Sem pintura/preto LAA
		Carro de corrida com molas helicoidais. Halibrands
CSX 3006	4/1/65	Sem pintura/preto LAA
		Carro de corrida com molas helicoidais. Halibrands
		Ver fotos p. 143
CSX 3007	4/1/65	Sem pintura/preto LAA
		Carro de corrida com molas helicoidais. Halibrands
CSX 3008	15/1/65	Sem pintura/preto LAA
		Carro de corrida com molas helicoidais. Halibrands

Nº chassi	Data**	Cores da pintura/acabamento Para*
		Carros de molas helicoidais MkII
CSX 3009	15/1/65	Sem pintura/preto LAA
		Carro de corrida com molas helicoidais
		Carro novamente com rodas raiadas
CSX 3010	15/1/65	Sem pintura/preto LAA
		Carro de corrida com molas helicoidais
CSX 3011	15/1/65	Sem pintura/preto LAA
		Carro de corrida com molas helicoidais
CSX 3012	15/1/65	Sem pintura/preto LAA
		Carro de corrida com molas helicoidais
CSX 3013	22/1/65	Sem pintura/preto LAA
		Carro de corrida com molas helicoidais
CSX 3014	22/1/65	Sem pintura/preto LAA
		Carro de corrida com molas helicoidais
CSX 3015	22/1/65	Sem pintura/preto LAA
		Carro de corrida com molas helicoidais SC
CSX 3016	22/1/65	Sem pintura/preto LAA
		Carro de corrida com molas helicoidais
CSX 3017	22/1/65	Sem pintura/preto LAA
		Carro de corrida com molas helicoidais
CSX 3018	29/1/65	Sem pintura/preto LAA
		Carro de corrida com molas helicoidais
CSX 3019	29/1/65	Sem pintura/preto LAA
		Carro de corrida com molas helicoidais
		Ver foto p. 143

AC COBRA – O REGISTRO DE FÁBRICA DOS CHASSIS

Nº chassi	Data**	Cores da pintura/acabamento	Para*
CSX 3020	29/1/65	Sem pintura/preto	LAA
		Carro de corrida com molas helicoidais	
		Ver foto p. 140	
CSX 3021	29/1/65	Sem pintura/preto	LAA
		Carro de corrida com molas helicoidais SC	
CSX 3022	29/1/65	Sem pintura/preto	LAA
		Carro de corrida com molas helicoidais SC	
CSX 3023	5/2/65	Sem pintura/preto	LAA
		Carro de corrida com molas helicoidais SC	
CSX 3024	5/2/65	Sem pintura/preto	LAA
		Carro de corrida com molas helicoidais SC	
CSX 3025	5/2/65	Sem pintura/preto	LAA
		Carro de corrida com molas helicoidais SC	
CSX 3026	5/2/65	Sem pintura/preto	LAA
		Carro de corrida com molas helicoidais	
		Ver foto p. 144	
CSX 3027	13/1/65	Sem pintura	
		Ford Advanced Vehicles Ltd. para Harold Radford Ltd	
		Cupê Type 65 não produzido	
CSX 3028	5/2/65	Sem pintura/preto	LAA
		Carro de corrida com molas helicoidais	
CSX 3029	12/2/65	Sem pintura/preto	LAA
		Carro de corrida com molas helicoidais	
CSX 3030	12/2/65	Sem pintura/preto	LAA
		Carro de corrida com molas helicoidais	
CSX 3031	12/2/65	Sem pintura/preto	LAA
		Carro de corrida com molas helicoidais SC	
CSX 3032	12/2/65	Sem pintura/preto	LAA
		Carro de corrida com molas helicoidais *SC*	
CSX 3033	12/2/65	Sem pintura/preto	LAA
		Carro de corrida com molas helicoidais SC	
CSX 3034	15/2/65	Sem pintura/preto	LAA
		Carro de corrida com molas helicoidais SC	
CSX 3035	15/2/65	Sem pintura/preto	LAA
		Carro de corrida com molas helicoidais SC	
CSX 3036	15/2/65	Sem pintura/preto	LAA
		Carro de corrida com molas helicoidais SC	
CSX 3037	15/2/65	Sem pintura/preto	LAA
		Carro de corrida com molas helicoidais SC	
CSX 3038	15/2/65	Sem pintura/preto	LAA
		Carro de corrida com molas helicoidais SC	
CSX 3039	19/2/65	Sem pintura/preto	LAA
		Carro de corrida com molas helicoidais SC	
CSX 3040	19/2/65	Sem pintura/preto	LAA
		Carro de corrida com molas helicoidais SC	
CSX 3041	19/2/65	Sem pintura/preto	LAA
		Carro de corrida com molas helicoidais SC	
CSX 3042	19/2/65	Sem pintura/preto	LAA
		Carro de corrida com molas helicoidais SC	
		Ver fotos p. 135	
CSX 3043	19/2/65	Sem pintura/preto	LAA
		Carro de corrida com molas helicoidais SC	
CSX 3044	26/2/65	Sem pintura/preto	LAA
		Carro de corrida com molas helicoidais SC	
CSX 3045	26/2/65	Sem pintura/preto	LAA
		Carro de corrida com molas helicoidais SC	
CSX 3046	26/2/65	Sem pintura/preto	LAA
		Carro de corrida com molas helicoidais SC	
CSX 3047	26/2/65	Sem pintura/preto	LAA
		Carro de corrida com molas helicoidais SC	
CSX 3048	26/2/65	Sem pintura/preto	LAA
		Carro de corrida com molas helicoidais SC	
CSX 3049	5/3/65	Sem pintura/preto	LAA
		Carro de corrida com molas helicoidais SC	
CSX 3050	5/3/65	Sem pintura/preto	LAA
		Carro de corrida com molas helicoidais SC	
CSX 3051	5/3/65	Sem pintura/preto	LAA
		Carro de corrida com molas helicoidais	

Nº chassi	Data**	Cores da pintura/acabamento	Para*
CSX 3052	5/3/65	Sem pintura/preto	LAA
		Carro de corrida com molas helicoidais	
CSX 3053	15/3/65	Sem pintura/preto	LAA
		Carro de corrida com molas helicoidais	
CSB 3054	11/2/65	Sem pintura/somente chassi	
		Ford Advanced Vehicles Ltd. Carro de corridas com direção na direita para Harold Radford Ltd. *Segundo cupê Type 65. Ver foto p. 122*	
CSX 3055	24/3/65	Somente chassi	
		Ford Advanced Vehicles Ltd. Carro de corridas com direção na direita para Harold Radford Ltd. *Chassi depois vendido a John Willment.*	
CSX 3063	1º/6/65	Somente chassi	
		Enviado de trem para a Ghia, em Turim, na Itália	
CSX 3101	2/4/65	Sem pintura/preto	LAA
		Primeiro Roadster MkII com molas helicoidais	
CSX 3102	17/5/65	Vermelho/preto	LAB
CSX 3103	17/5/65	Vermelho/preto	LAB
CSX 3104	13/5/65	Azul/preto	LAB
CSX 3105	13/5/65	Vermelho/preto	LAB
CSX 3106	18/5/65	Verde/preto	LAB
CSX 3107	3/6/65	Vermelho/preto	LAB
CSX 3108	3/6/65	Vermelho/preto	LAB
CSX 3109	8/6/65	Preto/preto	LAB
CSX 3110	26/7/65	Vermelho/preto	LAB
CSX 3111	28/6/65	Azul/preto	LAB
CSX 3112	7/12/65	Cinza/preto	LAB
CSX 3113	4/11/65	Cinza-prata/preto	LAA
CSX 3114	19/10/65	Vermelho/preto	LAB
CSX 3115	28/9/65	Vermelho/preto	LAB
CSX 3116	23/11/65	Branco/preto	LAB
CSX 3117	24/11/65	Branco/preto	LAB
CSX 3118	22/4/65	Preto/preto	LAB
CSX 3119	13/5/65	Preto/preto	LAB
CSX 3120	22/4/65	Vermelho/preto	LAB
CSX 3121	13/5/65	Azul/preto	LAB
CSX 3122	13/5/65	Vermelho/preto	LAB
CSX 3123	17/5/65	Azul/preto	LAB
CSX 3124	13/5/65	Branco/preto	LAB
CSX 3125	17/5/65	Branco/preto	LAB
CSX 3126	13/5/65	Azul/preto	LAB
CSX 3127	30/4/65	Sem pintura/preto	LAA
		Protótipo de carro de rua MkII	
CSX 3128	18/5/65	Preto/preto	LAB
CSX 3129	3/6/65	Verde/preto	LAB
CSX 3130	18/5/65	Preto/preto	LAB
CSX 3131	17/5/65	Azul/preto	LAB
CSX 3132	19/5/65	Verde/preto	LAB
CSX 3133	4/6/65	Verde/preto	LAB
CSX 3134	18/5/65	Verde/preto	LAB
CSX 3135	4/6/65	Azul/preto	LAB
CSX 3136	3/6/65	Verde/preto	LAB
CSX 3137	8/6/65	Preto/preto	LAB
CSX 3138	8/9/65	Verde/preto	LAB
		Motor 349	
CSX 3139	19/5/65	Sem pintura/preto	LAB
CSX 3140	4/6/65	Azul/preto	LAB
CSX 3141	9/6/65	Azul/preto	LAB
CSX 3142	4/6/65	Verde/preto	LAB
CSX 3143	19/6/65	Azul/preto	LAB
CSX 3144	24/6/65	Verde/preto	LAB
CSX 3145	25/6/65	Vermelho/preto	LAB
CSX 3146	28/6/65	Azul/preto	LAB
CSX 3147	25/6/65	Vermelho/preto	LAB
CSX 3148	28/6/65	Preto/preto	LAB
CSX 3149	28/6/65	Verde/preto	LAB
CSX 3150	8/12/65	Cinza/preto	
		Ford Advanced Vehicles, Slough	

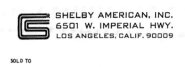

Nº chassi	Data**	Cores da pintura/acabamento	Para*
CSX 3151	28/6/65	Preto/preto	LAB
CSX 3152	28/6/65	Preto/preto	LAB
CSX 3153	24/7/65	Verde Vineyard/preto	LAB
CSX 3154	28/6/65	Verde/preto	LAB
CSX 3155	23/7/65	Preto/preto	LAB
CSX 3156	23/7/65	Verde Vineyard/preto	LAB
CSX 3157	26/7/65	Vermelho/preto	LAB
CSX 3158	24/7/65	Preto/preto	LAB
CSX 3159	26/7/65	Preto/preto	LAB
CSX 3160	8/9/65	Prata/preto	LAB
CSX 3161	18/8/65	Preto/preto	LAB
CSX 3162	18/8/65	Vermelho/preto	LAB
CSX 3163	26/7/65	Preto/preto	LAB
CSX 3164	18/8/65	Vermelho/preto	LAB
CSX 3165	18/8/65	Verde/preto	LAB
CSX 3166	8/9/65	Prata/preto	LAB
CSX 3167	18/8/65	Preto/preto	LAB
CSX 3168	18/8/65	Vermelho/preto	LAB
CSX 3169	18/8/65	Verde/preto	LAB
CSX 3170	8/9/65	Prata/preto	LAB
CSX 3171	8/9/65	Vermelho/preto	LAB
CSX 3172	18/8/65	Preto/preto	LAB
CSX 3173	8/9/65	Prata/preto	LAB
CSX 3174	10/9/65	Vermelho/preto	LAB
CSX 3175	9/9/65	Vermelho/preto	LAB
CSX 3176	9/9/65	Vermelho/preto	LAB
CSX 3177	7/12/65	Cinza/preto	LAB
CSX 3178	22/11/65	Cinza/preto	LAB
CSX 3179	4/11/65	Preto/preto	LAB
CSX 3180	8/12/65	Branco/preto	LAB
CSX 3181	23/11/65	Branco/preto	LAB
CSX 3182	7/12/65	Cinza/preto	LAB
CSX 3183	27/9/65	Vermelho/preto	LAB

Data** Data de saída da fábrica da AC.
Para* Destino e meio de transporte:
DA = Detroit via aérea
LAA = Los Angeles via aérea
LAB = Los Angeles via marítima (boat)
NYA = Nova York via aérea
NYB = Nova York via marítima
TA = Turim via aérea

AC COBRA

A Shelby utilizava uma placa de identificação própria para carros com chassis CSX com suspensão de molas helicoidais.

Data** Data de saída da fábrica da AC.
Para* Destino e meio de transporte:
DA = Detroit via aérea
LAA = Los Angeles via aérea
LAB = Los Angeles via marítima (boat)
NYA = Nova York via aérea
NYB = Nova York via marítima
TA = Turim via aérea

Nº chassi	Data**	Cores da pintura/acabamento	Para*
CSX 3184	4/11/65	Vermelho/preto	LAB
CSX 3185	27/9/65	Vermelho/preto	LAB
CSX 3186	6/9/65	Preto/preto	LAB
CSX 3187	19/10/65	Vermelho/preto	LAB
CSX 3188	27/9/63	Vermelho/preto	LAB
CSX 3189	4/11/65	Vermelho/preto	LAB
CSX 3190	27/9/65	Prata/preto	LAB
CSX 3191	22/11/65	Branco/preto	LAB
CSX 3192	28/9/65	Prata/preto	LAB
CSX 3193	19/10/65	Prata/preto	LAB
CSX 3194	23/11/65	Cinza/preto	LAB
CSX 3195	4/11/65	Preto/preto	LAB
CSX 3196	19/10/65	Prata/preto	LAB
CSX 3197	4/11/65	Preto/preto	LAB
CSX 3198	23/11/65	Prata/preto	LAB
CSX 3199	4/11/65	Vermelho/preto	LAB
CSX 3200	4/11/65	Vermelho/preto	LAB
CSX 3201	24/11/65	Verde/preto	LAB
CSX 3202	10/1/66	Vermelho/preto	LAB
		Início de novo contrato	
CSX 3203	10/1/66	Vermelho/preto	LAB
CSX 3204	10/1/66	Branco/preto	LAB
CSX 3205	10/1/66	Vermelho/preto	LAB
CSX 3206	10/1/66	Azul/preto	LAB
CSX 3207	10/1/66	Azul/preto	LAB
CSX 3208	10/1/66	Vermelho/preto	LAB
CSX 3209	10/1/66	Azul/preto	LAB
CSX 3210	10/1/66	Azul/preto	LAB
CSX 3211	10/1/66	Azul/preto	LAB
CSX 3212	21/1/66	Verde/preto	LAB
CSX 3213	21/1/66	Verde/preto	LAB
CSX 3214	21/1/66	Verde/preto	LAB
CSX 3215	24/1/66	Vermelho/preto	LAB
CSX 3216	17/2/66	Branco/preto	LAB
CSX 3217	14/2/66	Branco/preto	
		Ford Advanced Vehicles	
CSX 3218	17/2/66	Branco/preto	LAB
CSX 3219	24/1/66	Verde/preto	LAB
CSX 3220	17/3/66	Azul/preto	LAB
CSX 3221	21/1/66	Verde/preto	LAB
CSX 3222	14/2/66	Vermelho/preto	
		Ford Advanced Vehicles	
CSX 3223	14/2/66	Vermelho/preto	LAB
CSX 3224	17/2/66	Branco/preto	LAB
CSX 3225	22/3/66	Verde/preto	LAB
CSX 3226	17/2/66	Prata/preto	LAB
CSX 3227	21/2/66	Verde/preto	LAB
CSX 3228	18/3/66	Vermelho/preto	LAB
CSX 3229	18/3/66	Vermelho/preto	LAB
CSX 3230	17/2/66	Branco/preto	LAB
CSX 3231	17/3/66	Azul/preto	LAB
CSX 3232	17/2/66	Branco/preto	LAB
CSX 3233	27/6/66	Prata/preto	LAB
CSX 3234	27/6/66	Vermelho/preto	LAB
CSX 3235	17/2/66	Prata/preto	LAB
CSX 3236	21/2/66	Verde/preto	LAB
CSX 3237	17/2/66	Vermelho/preto	LAB
CSX 3238	17/3/66	Azul/preto	LAB
CSX 3239	21/2/66	Vermelho/preto	LAB
CSX 3240	21/2/66	Vermelho/preto	LAB
CSX 3241	12/5/66	Vermelho/preto	LAB
CSX 3242	27/6/66	Azul/preto	LAB
CSX 3243	13/5/66	Vermelho/preto	LAB
CSX 3244	27/6/66	Prata/preto	LAB
CSX 3245	21/3/66	Verde/preto	LAB
CSX 3246	27/6/66	Vermelho/preto	LAB
CSX 3247	21/3/66	Verde/preto	LAB
CSX 3248	21/3/66	Verde/preto	LAB
CSX 3249	27/6/66	Verde/preto	LAB

Nº chassi	Data**	Cores da pintura/acabamento	Para*
CSX 3250	21/3/66	Prata/preto	LAB
CSX 3251	27/6/66	Vermelho/preto	LAB
CSX 3252	12/5/66	Verde/preto	LAB
CSX 3253	21/3/66	Verde/preto	LAB
CSX 3254	19/4/66	Prata/preto	LAB
CSX 3255	19/4/66	Prata/preto	LAB
CSX 3256	19/4/66	Vermelho/preto	LAB
CSX 3257	19/4/66	Vermelho/preto	LAB
CSX 3258	21/4/66	Vermelho/preto	LAB
CSX 3259	19/4/66	Vermelho/preto	LAB
CSX 3260	20/4/66	Verde/preto	LAB
CSX 3261	20/4/66	Verde/preto	LAB
CSX 3262	19/4/66	Verde/preto	LAB
CSX 3263	21/4/66	Preto/preto	LAB
		Informação prestada por Lucas	
CSX 3264	13/5/66		LAB
		Informação prestada por Lucas	
CSX 3265	13/5/66	Vermelho/preto	LAB
CSX 3266	12/5/66	Branco/preto	LAB
CSX 3267	12/5/66	Verde/preto	LAB
CSX 3268	13/5/66	Verde/preto	LAB
CSX 3269	13/5/66	Verde/preto	LAB
CSX 3270	27/6/66	Azul/preto	LAB
CSX 3271	27/6/66	Azul/preto	LAB
CSX 3272	27/6/66	Prata/preto	LAB
CSX 3273	13/5/66	Prata/preto	LAB
CSX 3274	25/5/66	Azul/preto	LAB
CSX 5001	7/3/66	Somente chassi	
		Conversível Ghia. Shelby America Inc.	
		a/c Ghia STS, Turim, Itália	
		Ver foto p. 157	
CSX 5002	7/3/66	Somente chassi	
		Conversível Ghia. Shelby America Inc.	
		a/c Ghia STS, Turim, Itália	
		Ver foto p. 157	
CSX 3275	25/6/66	Vermelho/preto	LAB
CSX 3276	27/6/66	Vermelho/preto	LAB
CSX 3277	27/6/66	Branco/preto	LAB
CSX 3278	27/6/66	Vermelho/preto	LAB
CSX 3279	27/6/66	Verde/preto	LAB
CSX 3280	27/6/66	Branco/preto	LAB
CSX 3281	27/6/66	Verde/preto	LAB
CSX 3282	27/6/66	Vermelho/preto	LAB
CSX 3283	9/7/66	Verde Vineyard/preto	LAB
CSX 3284	25/6/66	Vermelho/preto	LAB
CSX 3285	9/7/66	Prata/preto	LAB
CSX 3286	9/7/66	Prata/preto	LAB
CSX 3287	9/7/66	Vermelho/preto	LAB
CSX 3288	9/7/66	Prata/preto	LAB
		Ver fotos pp. 137-139, 154	
CSX 3289	9/7/66	Prata/preto	LAB
CSX 3290	9/7/66	Vermelho/preto	LAB
CSX 3291	9/7/66	Azul/preto	LAB
CSX 3292	23/7/66	Verde/preto	LAB
CSX 3293	23/7/66	Vermelho/preto	LAB
CSX 3294	9/7/66	Azul/preto	LAB
CSX 3295	23/7/66	Branco/preto	LAB
CSX 3296	9/7/66	Vermelho/preto	LAB
CSX 3297	23/7/66	Vermelho/preto	LAB
CSX 3298	23/7/66	Branco/preto	LAB
CSX 3299	5/9/66	Azul/preto	LAB
CSX 3300	23/7/66	Azul/preto	LAB
CSX 3301	1º/9/66	Branco/preto	
		Teto rígido branco. Ford Advanced Vehicles	
CSX 3302	2/9/66	Azul/preto	LAB
CSX 3303	2/9/66	Azul/preto	LAB
CSX 3304	2/9/66	Azul/preto	LAB
CSX 3305	2/9/66	Azul/preto	LAB
CSX 3306	5/9/66	Verde/preto	LAB

Nº chassi	Data**	Cores da pintura/acabamento	Para*
CSX 3307	5/9/66	Verde/preto	LAB
CSX 3308	5/9/66	Verde/preto	LAB
CSX 3309	6/9/66	Vermelho/preto	LAB
CSX 3310	6/9/66	Vermelho/preto	LAB
CSX 3311	4/11/66	Vermelho/preto	LAB
CSX 3312	4/11/66	Verde/preto	LAB
CSX 3313	4/11/66	Prata/preto	LAB
CSX 3314	4/11/66	Verde/preto	LAB
CSX 3315	4/11/66	Verde/preto	LAB
CSX 3316	4/11/66	Azul/preto	LAB
CSX 3317	4/11/66	Azul/preto	LAB
CSX 3318	4/11/66	Vermelho/preto	LAB
CSX 3319	4/11/66	Azul/preto	LAB
CSX 3320	4/11/66	Azul/preto	LAB
CSX 3321	4/11/66	Vermelho/preto	LAB
CSX 3322	4/11/66	Vermelho/preto	LAB
CSX 3323	10/11/66	Azul/preto	LAB
CSX 3324	4/11/66	Vermelho/preto	LAB
CSX 3325	10/11/66	Prata/preto	LAB
CSX 3326	10/11/66	Vermelho/preto	LAB
CSX 3327	10/11/66	Verde/preto	LAB
CSX 3328	10/11/66	Vermelho/preto	LAB
CSX 3329	15/11/66	Verde/preto	LAB
CSX 3330	10/11/66	Verde/preto	LAB
CSX 3331	15/11/66	Branco/preto	LAB
CSX 3332	15/11/66	Verde/preto	LAB
CSX 3333	15/11/66	Azul/preto	LAB
CSX 3334	15/11/66	Azul/preto	LAB
CSX 3335	15/11/66	Azul/preto	LAB
CSX 3336	8/12/66	Verde/vermelho	LAB
CSX 3337	7/12/66	Verde/preto	LAB
CSX 3338	7/12/66	Vermelho/preto	LAB

AC COBRA – O REGISTRO DE FÁBRICA DOS CHASSIS

Nº chassi	Data**	Cores da pintura/acabamento Para*
CSX 3339	7/12/66	Azul/preto — LAB
CSX 3340	7/12/66	Vermelho/preto — LAB
CSX 3341	7/12/66	Vermelho/preto — LAB
CSX 3342	8/12/66	Azul/preto — LAB
CSX 3343	7/12/66	Azul/preto — LAB
CSX 3344	7/12/66	Azul/preto — LAB
CSX 3345	7/12/66	Azul/preto — LAB
CSX 3346	8/12/66	Vermelho/preto — LAB
CSX 3347	8/12/66	Vermelho/preto — LAB
CSX 3348	8/12/66	Branco/preto — LAB
CSX 3349	8/12/66	Vermelho/preto — LAB
CSX 3350	28/12/66	Branco/preto — LAB
CSX 3351	28/12/66	Prata/preto — LAB
CSX 3352	28/12/66	Verde/preto — LAB
CSX 3353	28/12/66	Prata/preto — LAB
CSX 3354	28/12/66	Verde/preto — LAB
CSX 3355	28/12/66	Vermelho/preto — LAB
CSX 3356	28/12/66	Vermelho/preto — LAB
CSX 3357	28/12/66	Azul/preto — LAB
CSX 3358	28/12/66	Azul/preto — LAB
CSX 3359		
CSX 3360		

Chassis AC

Nº chassi	Data	Cores da pintura/acabamento — Para
COX 6001	1º/10/63	Rouge Irisé/preto — Carro A. Chardonnet no Salão de Paris. Citado crédito a Shelby.
CS 2030	18/11/63	Vermelho/preto — Cobra 4.2 antes de demonstração. Licenciado 1º nov 62. *Este mesmo chassi consta da lista da série CSX*
COX 6002	30/4/63	Branco/vermelho — Carro A. Chardonnet no Salão de Paris. Citado crédito a Shelby.
COX 6003	26/11/63	Verde Vineyard/bege — A. Chardonnet
COB 6004	13/11/63	Verde Vineyard/bege
COB 6005	1º/1/64	Verde Vineyard/bege — Licenciado inicialmente em 1º/1/64. Ex-protótipo vendido em 11/11/65. *Carro de demonstração*
COB 6006	4/3/64	Azul Bright/preto — K.N. Rudd Ltd.
COB 6007	15/4/64	Preto/preto
COB 6008	20/2/64	Branco/preto — Jubilee Garage (Bourne) Ltd.
COB 6009	24/7/64	Azul Bright/preto
COX 6010	19/3/64	Azul Princess/vermelho — A. Chardonnet
COX 6011	20/2/64	Verde Vineyard/bege — Garage Hubert Pathey
COX 6012	6/3/64	Vermelho/preto — Hubert Pathey
COX 6013	29/9/64	Rouge Irisé/preto — A. Chardonnet
COX 6014	22/9/64	Vermelho/preto — Cambridge Motors, Montreal
COX 6015	8/10/64	Azul Princess/bege — Hubert Pathey
COX 6016	28/10/64	Vermelho/preto — K. N. Rudd Ltd.
COB 6017	15/9/64	Azul Princess/vermelho — Jubilee Garage (Bourne) Ltd.
COB 6018	9/10/64	Branco/preto
COB 6019	28/10/64	Vermelho/preto — Bolton of Leeds Ltd.
COB 6020	10/11/64	Verde Vineyard/bege — K. N. Rudd Ltd.

Nº chassi	Data**	Cores da pintura/acabamento Para*
COB 6021	10/11/64	Vermelho/preto — J. Willment Autos Ltd.
COB 6022	7/10/64	Azul Bright/vermelho — K. N. Rudd Ltd.
COB 6023	23/10/64	Rouge Irisé/preto — A. S. Mead Ltd.
COB 6024	17/10/64	Azul Princess/vermelho — The Chequered Flag Ltd.
COB 6025	14/12/64	Branco/preto
COB 6026	7/11/64	Rouge Irisé/preto
COB 6027	19/1/65	Rouge Irisé/preto
COB 6028	21/12/64	Verde Vineyard/bege — John Willment
COB 6029	23/12/64	Rouge Irisé/preto — Clayton Cars (London) Ltd. *Ver fotos pp. 116, 117, 155*
COB 6030	10/12/64	Verde Vineyard/bege — H. W. Motors Ltd.
COX 6031	30/3/65	Branco/preto
COB 6032	18/12/64	Verde-opaline/preto — Hubert Pathey
COB 6033	19/11/64	Verde Vineyard/preto — Via 20th Century Thos Meadows – Austrália
COB 6034	2/12/64	Azul Princess/vermelho
COB 6035	29/12/64	Azul Bright/vermelho
COB 6036	23/11/64	Verde Vineyard/preto — Steel Griffiths and Co Ltd.
COB 6037	11/12/64	Verde Vineyard/preto
COB 6038	4/1/65	Branco/preto — Guy Salmon Ltd.
COB 6039	30/11/64	Vermelho Svecia/preto — Frank Grounds Ltd.
COB 6040	10/12/64	Azul Bright/vermelho — Metcalf and Munday
COB 6041	10/11/64	Prata/preto
COB 6042	10/12/64	Verde Vineyard/vermelho — Russell Motors (Knightsbridge) Ltd
COB 6043	1º/12/64	Verde Vineyard/bege — The Chester Garage
COB 6044	20/7/65	Azul Princess/vermelho — K. N. Rudd Ltd.

Além dos carros europeus, essas placas de identificação de chassi foram utilizadas nos carros de suspensão com feixes de molas a partir, aproximadamente, do número CSX2201.

Nº chassi	Data**	Cores da pintura/acabamento Para*
COB 6045	10/12/64	Verde Vineyard/bege — Russell Motors (Knightsbridge) Ltd.
COB 6046	10/12/64	Rouge Irisé/preto — H. W. Motors Ltd
COB 6047	7/7/65	Verde Vineyard/bege — H. R. Owen Ltd.
COB 6048	5/1/65	Branco/preto
COB 6049	29/12/64	Branco/preto — Charles Follett Ltd.
COB 6050	8/3/65	Rouge Irisé/preto — Droitwich Garage Ltd.
COB 6051	12/5/65	Rouge Irisé/preto — Hunts Garage
COB 6052		Reservado EUA?
COX 6053	22/7/65	Vermelho/preto — Rallye Bitter
COB 6054	14/2/66	Azul Bright metálico/preto
COB 6055	9/7/66	Areia Metallichrome/preto
COB 6056	8/7/65	Verde Vineyard/preto — Reserved USA?
COX 6057	5/7/65	Azul Guardsman/preto — H. R. Owen Ltd.
COB 6058	4/6/65	Azul Princess/preto
COX 6059	7/7/65	Branco/preto
COX 6060	3/5/65	Preto/preto
COX 6061	26/5/65	Verde Vineyard/preto
COX 6062	3/5/65	Azul Bright/cinza

Um dos lugares em que havia numeração do chassi era sob a trava do capô — esta contém um erro de fábrica.

155

Chassis AC de molas helicoidais

Nº chassi	Data**	Cores da pintura/acabamento Para*
COB 6101	1º/4/66	Preto Pearl/marrom Peppers of Newcastle Ltd. *Ver fotos pp. 144, 145*
COB 6102	24/6/66	Metalchrome Sand/preto
COB 6103	2/5/66	Verde Pacific/verde Jack Rose Ltd.
COB 6104	7/4/66	Azul escuro/preto
COB 6105	17/6/66	Branco/preto Guy Salmon Ltd.
COB 6106	13/10/65	*Licenciado em 13 de outubro de 1965, carro de demonstração*
COB 6107	11/11/65	Vermelho/preto Len Street Ltd
COX 6108	22/12/66	Azul Guardsman/preto
COB 6109	20/7/66	Azul/preto H. R. Owen Ltd
COB 6110	15/10/66	Azul/preto
COX 6111	24/10/66	Branco/preto
COX 6112	25/11/66	Verde Vineyard/preto
COB 6113	28/5/68	Verde Pacific/preto Skobies Garage
COB 6114	19/5/67	Vermelho/preto Jack Rose Ltd. Exportado para a Austrália em 19/5/67
COB 6115	20/1/67	Azul Bright Metalline/preto
COB 6116	30/1/67	Verde Pacific/preto H.W. Motors
COB 6117	10/3/67	Verde Vineyard/preto Williamsons Garages
COX 6118	16/1/67	Verde Vineyard/preto Claude Dubois
COB 6119	12/7/67	Azul Guardsman/preto Len Street Motors. Diferencial 3,54
COB 6120	1º/9/67	Azul Guardsman/preto Lincoln Street Motors. Diferencial 3,54
COB 6121	13/6/68	Azul Guardsman/preto Jones Garage Ltd. Diferencial 3,31
COX 6122	28/5/68	Preto/preto Diferencial 3,31
COX 6123	15/11/68	Azul-escuro/preto Donald Zucker Co. Diferencial 3,31
COB 6124	29/3/68	Azul Guardsman/preto Victoria Motor Works. Diferencial 3,31
COX 6125	24/2/69	Vermelho/preto Car Consultants USA Ltd. Diferencial 3,31
COX 6126	7/1/69	Azul Guardsman/bege Sem motor
COB 6127	15/7/68	Hills Garage (Ampthill) Ltd. Diferencial 3,31. Chassi Cobra. Sem motor. Componentes fornecidos soltos Não montado *Ver foto p. 145*
COX 6128	1º/2/68	Chassi especial Distância entreeixos 3,43 m. Paramount Film Service Ltd. Exportado por via aérea para Roma
COX 6129	1º/2/68	Special Chassis. Distância entreeixos 3,43 m. Paramount Film Service Ltd. Exportado por via aérea para Roma
COX 6130	22/2/68	Special Chassis. Distância entreeixos 3,43 m. Paramount Film Service Ltd. Exportado por via aérea para Roma
COB 6131	23/2/68	Special Chassis. Distância entreeixos 2,97 m. Paramount Film Service Ltd. Exportado por via aérea para Roma
COB 6132	27/2/68	Special chassis. Distância entreeixos 2,97 m. Paramount Film Service Ltd. Exportado por via aérea para Roma

AC COBRA – O REGISTRO DE FÁBRICA DOS CHASSIS

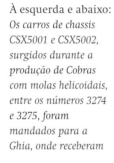

À esquerda e abaixo: *Os carros de chassis CSX5001 e CSX5002, surgidos durante a produção de Cobras com molas helicoidais, entre os números 3274 e 3275, foram mandados para a Ghia, onde receberam as carrocerias encomendadas por Shelby.*

Acima: *O incrível Mercer-Cobra (CSX2451) no Salão de Paris de 1964. Um folheto promocional dizia: "Criado para mostrar a beleza do acabamento em latão". O Mercer-Cobra foi projetado pelo antigo estilista da Chrysler, Virgil Exner, e montado pela italiana Sibona e Basano em um chassi 'Cobra-Ford' com motor V8. Os faróis, em ambos os lados do radiador, são retráteis". O fabricante de carrocerias também o expôs no Salão de Turim de 1964.*

157

Índice remissivo

AC
A98, cupê Cobra de fábrica para Le Mans 78, 79, 89
Ace 14, 15, 16, 17
Ace RS 2,6 20, 21, 26, 27
Ace-Bristol 16, 17, 18, 19, 20, 21
Buckland turismo 12
fábrica 23, 24, 25, 28, 29, 30, 31
história da AC Cars 6, 7
protótipo do Ace 9, 12, 13, 14
Sedã de 2 litros 12
ACO, Automobile Club L'Ouest 86
ADAC 1.000 km 61, 83, 84, 131, 144
Aerolastic 34
Agapiou, Charlie 91, 123, 124, 133
Alfa Romeo 80
GTZ 76, 77, 127
Amon, Chris 62, 86, 121
Amortecedores Armstrong 72, 119
Archway Motors 141
Arena, Vincenza 80, 84
Arnage, circuito de Le Mans 88
Arning, Klaus 118
Arnold, Hap 17
Arnolt-Bristol 18
ARRC, American Road Race of Champions 141
Aston Martin 9, 18, 19, 48, 49, 60, 61, 79, 83, 106, 112
Atkins, Tommy 61, 109, 112
Attwood, Dickie 84, 85, 88
Austin 13
Austin-Healey 22, 23
Sprite 45, 125
Australian Tourist Trophy 140
Aviad, cárter 97

Baghetti, Giancarlo 88
Barris, George 136
Bayley, Ernie 12
Behra, Jean 9, 18
Beidler, Charles 136
Bentley, Radford 122
Beurlys 133
Bianchi, Lucien 61, 74
Bishop Cam, sistema de direção 13
Bolster, John 14
Bolton, Peter 17, 46, 86, 88
Bondurant, Bob 54, 80, 83, 84, 85, 86, 88, 90, 110, 111, 113, 124, 127, 131, 134, 139, 143
Brabham-BRM 108
Brabham-Climax 61
BRDC, British Racing Drivers

Club 94
Bridgehampton
circuito de 64, 80
corrida Double 500 54, 55
Bristol
fábrica de carros 17
motor 11, 16, 22, 27
Brock, Pete 32, 33, 65, 66, 68, 69, 78, 106, 122
Bronlow Sheet Metal, Edgeware 31
Budget, trava 35
Burnard, Bob 143

Caddo Mills 9
Cadillac-Allard 9
Cahier, Bernard 134
Caixa de câmbio Borg Warner 38, 145
Caixas de câmbio 38, 74, 145
California Metal Shaping 68
Cam Gears, sistema de direção 41
Campeonato de Carros de Produção Autosport 1956 17
Capacete Bell 91
Carrinho de golf Bagboy 27
Carrozzeria Gransport 65, 69
Chaparral 9, 41, 124
Chardonnet, Monsieur 145
Chequered Flag, revendedor 62, 109, 110, 142, 143
Chevrolet 33, 34
Grand Sport 63
Christy, John 36
Cinto de segurança 76
Circuito de Brands Hatch 59, 61, 62, 143, 144
Circuito de Brooklands 6
Circuito de Candlestick Park 102, 140
Circuito de Cognac 115
Circuito de Riverside 22, 33, 69, 74, 94, 139
Clark, Jim 60
Coco, Vito 80, 82
Collins, Peter 9
Comstock Racing 36
Cooper 10
Cooper-Maserati 61
Cooper-MG 9, 11
Coppa di Enna 134
Cores, opções 39, 40, 146
Cormany, Gene 141, 142
Corrida *Autosport* Three Hours, Snetterton 59, 106, 110

Corrida Badger 200 140
Corrida East London Sports and GT 108
Corridas *Autosport* Trophy 110
Corvette 22, 35, 36, 43, 54
Corvette
radiador 39
Stingray 327 33
Cosmalene® 38
Cunningham, Briggs 86
Curva Paddock, circuito de Brands Hatch 59

Dallas 8
Dangerfield, Niel 129
Davis, Cliff 11
Davison, Vincent 9, 12
Daytona
500 Grand National 119
Beach 141
circuito 64, 68, 74, 75, 76, 80
Continental 34, 69
De Mortemart, Jean 79, 86
Dean Moon 22, 25
Dearborn 22
Delaney Galley, radiador 39
Dibley, Hugh 61
Dodger Stadium 35
Dowd, Al 110, 111, 133
Drag Festival 115
Duce, Dante 115
Dunlop, rodas 46, 48, 51, 59, 60, 61
Dupeyron, Maurice 113

Earls Court 14, 28, 40
Ecurie Francorchamps 133
Edge, Selwyn Francis 6, 7, 8
Elkhart Lake 54
Emblema, Cobra 28, 146
Escola de Pilotagem Carroll Shelby 32, 45
Essex Wire Co 141
European Cars, Pittsburgh 32, 37
Evans, Dave 22, 23
Everly, John 34
Exner, Virgil 157

Fairey Swordfish 9
Fangio, Juan Manuel 9
Feinstein, Sam 142
Ferrari 8, 9, 14, 18, 19, 41, 43, 48, 49, 56, 80, 84, 85, 86, 109, 110, 112, 113, 115, 132
Enzo 123, 124
166 11
250LM 61, 94, 108, 123, 143, 144
275 GTB 123, 124, 133
275P 76, 88, 89
330P 76, 88
GTO 34, 35, 54, 59, 60, 61, 66, 74, 78, 80, 83, 90, 108, 112,

115, 123, 128, 131, 134
FIAT motor 145
Topolino 10
Flamethrower, magneto 23, 33
Flip Top 63
Ford Advanced Vehicles 122
caixa de câmbio 38
Fairlane 38
Falcon 38
France 131, 142
Galaxie 60, 76
GT40 86, 88, 90, 94, 103, 110, 122, 124, 143, 144
GT40 desenho das rodas 136
Henry 23
motores, veja Motores
Mustang 114, 115, 126, 142
Fraissinet, R 86
Frazer Nash 11, 16
Freeman, William 142, 143
Freiburg, subida de montanha 111
Freutel, Ed 143, 144
Fry, Leon 143, 144

Gamble, Fred 83
Gammell, Roy 25
Gardner, Frank 59, 61, 109, 131, 134, 140
Geddes, Ray 23, 100
General Motors 22
Gerber, Dan 96, 99, 102
Ghia
427 135
Cobra 157
FIAT 8V 122
Giants Despair, subida de montanha 141
Gillet, Thomas 6
Ginther, Richie 48, 86
Girling, freios 119
Glasby, Eric 18
Godia 142
Gomm, Maurice 79
Gonzales, Froilan 9
Goodwood 10, 60, 61, 62, 110, 111
Gott, John 16
Grande Prêmio Britânico, circuito de Brands Hatch 61
Grande Prêmio da Rodésia 108
Grande Prêmio da Suíça 142
Grande Prêmio Rand 108
Grande Prêmio Sul-Africano 60
Grant, Allen 125, 127, 129, 132
Grant, Jerry 80, 82, 83, 132, 133
Granville-Smith, Nick 62
Gray and Rich 11
Gregory, Masten 18, 80, 83
Guards Trophy, Brands Hatch 62, 94, 110
Guichet, Jean 76, 90

Gurney, Dan 34, 35, 42, 43, 54-56, 72, 74-76, 80-83, 86, 90, 110-112, 123, 132, 133

Halibrand, rodas 34, 42, 43, 50, 51, 56, 57, 59, 60, 61, 66, 70, 71, 95, 136
Hall, Dick 9
Hall, Jim 9, 124
Hansgen, Walt 54
Hansen, Jerry 99
Harrison, radiador 39
Hauser, Eric 94
Hawthorn, Michael 9
Haynes, Annette 116
Haynes, John 116
Heathrow, aeroporto de, Londres 32, 41, 68
Heim, junta 91
Henderson, Jock 7, 12
Hill, Graham 48, 60, 61, 108
Hill, Phil 9, 41, 43, 63, 74, 80, 83, 112, 132, 140
Hills Garage 145
Hinton 15
Hispano-Suiza 6
Hitchcock, Tommy 54, 62, 80, 83, 84
Hoare, Jack 86, 110, 111
Holbert, Bob 54, 57, 74, 75, 76
Holley, carburador 136
Holman-Moody 34, 42
Hopkirk, Paddy 125
Hudson, Skip 34, 35, 68, 88
Hugus, Ed 32, 37, 45, 46, 49
Hurlock, Charles 7, 23, 24
Hurlock, Derek 12, 16, 23
Hurlock, William 7, 8, 23

Ilford 500, Brands Hatch 143
Ilford Trophy 61
Indianapolis 500, corrida 35
Indianapolis, circuito 140
International Trophy, Silverstone 60
Ireland, Innes 80, 81, 83, 84, 111, 112, 134

Jaeger, conta-giros 94, 95
Jaguar 19, 43
XK 120 9
E-Type 23, 48, 49, 54, 61, 84, 107, 143
JAP, J.A. Prestwich 10
John Willment Autos (ver também Willment) 9
Johnson, Bob 54, 74-76, 91, 99, 103, 124, 126, 133, 141
Jopp, Peter 43, 45, 49

Keck, Hal 78, 124, 141
Kelsey-Hayes, rodas 136-138

ÍNDICE REMISSIVO

Killarney Sports and GT, corrida 108
Koni, amortecedores 72
Krause, Billy 33, 34
Kuhn, Coronel Robert 18
Kyalami (ver Rand Nine Hours) 59, 60

Lagonda 14
Laguna Seca 91
Le Mans 65, 69, 83, 85, 115, 142, 145
    corrida de 1959 9, 18, 19
    corrida de 1963 45-49
    corrida de 1964 79, 86-90
    corrida de 1965 132, 133
    Réplica 50-54, 62, 80
Lea-Francis 12
Leonard, Lionel 11
Lesle, Ed 125
Lester, Harry 9
Lister, Brian 10
Lister-Chevrolet 9
Los Angeles Times, Grande Prêmio 57
Los Angeles Times, jornal 33
Los Angeles, aeroporto 37, 135
Lotus 35
Lotus 19 60
Lotus 23 140
Lotus 30 108
Lotus-Ford 123
Lowther, Ed 141
Lucas 576, faróis 48
Lucas, componentes elétricos 116

Mac, Roger 107, 109
MacDonald, Dave 34, 35, 43, 54, 74, 99
Maggiacomo, Jocko 43, 78
Magne, J.C. 86
Mairesse, Willy 133
Makinen, Timo 125
Mann, Alan 114, 115, 126, 127, 131, 132, 134
Manning, Pat 100
March, Conde de 8
Martini International, Silverstone 109
Maserati 9, 18
    Type 61 140
Mather, Rich 124
McCord, radiador 39
McLaren, Bruce 49
McLaren, Chris 62
McNally, Patrick 62, 143
McNamara, Bill 144
Meadowdale 100, 142
    corridas USRRC 93
Mercedes 300SL 78
Mercer-Cobra 157
MG 10, 17, 23
    B 41
    TA 9

TC 8
MGM 94, 140
Mid Ohio USRRC 57
Miles, Ken 35, 36, 43, 56, 57, 59, 63, 64, 66, 68, 69, 91-95, 101, 102, 140
Milo, dr. Richard 17, 32
Minhas três noivas (Spinout), filme 140
Mini, Radford 122
Monte Carlo, Rali de 1926 7
Montgomery, George 140, 141
Montlhery 6, 7
    Coupe du Salon, 1957 18
Monza
    circuito 115
    1.000 km 127
Morton, Cavendish 9
Morton, John 63, 101
Mosport 36
Moss, caixa de câmbio 13
Moss, Stirling 9, 18, 19, 42, 90
Motores
    Ford V8 3.621 cm³ 22
    Ford V8 4.260 cm³ 22, 38
    Ford V8 4.735 cm³ 40, 55, 58, 68, 75, 97, 117, 132
    Ford V8 6.997 cm³ 119
    Ford V8 7.013 cm³ 120
Mulsanne, circuito de Le Mans 48, 65, 88, 132
Myrons, Bill 74

Napier 6
NASCAR, National Association for Stock Car Auto Racing 63
Nassau Speed Week 42, 63
Natters-Blatten, subida de montanha 142
Neerpasch, Jochen 84, 85, 86, 111, 113, 131
Noseda, Ralph 56, 57
Nürburgring 84, 85, 131

Oakes, aeroporto 34
Ohlsen, John 68, 69, 75, 104, 110, 111
Oliver, Jack 143
Olthoff, Bob 59-62, 108
Os intrépidos homens e seus calhambeques maravilhosos (Monte Carlo or Bust), filme 145
Oulton Park Trophy 60

Pabst, Augie 42
Packard 17
Palm Springs 8
Paramount Film Studios 145
Payne, Tom 100, 103, 124, 126, 133, 140
Pensacola, corrida do USRRC 103
Penske, Roger 35, 63

Pierce, Wayne 54, 102
Pike, Don 34
Piper, David 59, 60, 61, 74, 78, 86, 108, 143
Placa do chassi 147, 154, 155
Plymouth Fury 17
Porsche 43
Presley, Elvis 140
Prophet, David 108

Radford Coachbuilders 62, 121
Radford Racing 62, 127, 129, 131
Rali da Escócia, 1935 7
Rali dos Alpes, 17°, 1954 15, 16
Rali Tulip, 1955 16
Rand Nine Hours 59, 60, 108
Raydot, espelho 44, 69
Reichen, Dr. 142
Remington, Phil 32, 66, 69, 83, 84, 100, 121, 122
Reventlow, Lance 32
Revista *Autocar* 39
Revista *Autosport* 14, 17, 20, 109
Revista *Road and Track* 27, 39
Revista *Sports Car Graphic* 22, 27, 36
Revista *Sports Illustrated* 9
Revista *The Motor* 16, 20
Rheims
    circuito 113
    corridas de 12 horas 109, 110, 134
Road America, Elkhart Lake 99, 101-103, 140, 142
Road Atlanta 142
Rodriguez, Pedro 35, 43, 74, 78, 86, 88
Rossfeld, subida de montanha 72, 131
Rotunda, conta-giros 74, 151
Rouen, circuito 113
Rover-BRM 48, 49
Rudd, Ken 16, 20, 21
Ruddspeed 20, 21

Salão de Londres, 1953 14
Salão de Paris
    1962 39
    1964 157
Salão de Turim, 1964 157
Salisbury, diferencial 4HU 25, 119
Salmon, Mike 60, 61, 128
Salvadori, Roy 18, 49, 61, 112
Sanderson, Ninian 49
Sanesi, Consalvo 78
Scarab 32
Scarfiotti, Luigi 113
SCCA, Sports Car Club of America 18, 103
Schlesser, Joe 63, 76, 85, 111, 113, 124, 131, 132, 134
Scott Brown, Archie 10

Scott, Skip 78, 101
Scuderia Filipinetti 133
Sears, Jack 60, 61, 62, 86, 106-108, 110, 127, 130-132, 134
Sebring 48, 55, 56, 63, 78, 80, 126
    1954 9
    1955 9
    1956 17, 18
    1957 17, 18
    1958 18
    1959 18
    1960 18
    1963 35, 41, 42, 43
    1964 56, 76, 77
    1965 124-127
Settember, Johnny 143
Shapecraft, Surbiton 31
Shaw, Graham 125
Shelby, Carroll
    biografia 8, 9
    com o primeiro Cobra 27
    em Bridgehampton 54
    em Le Mans 18, 19, 86, 90
    em Sebring 127
    em Targa Florio 81
    na fábrica da AC 23
Shelvoke and Drury 9
Sierra Montana Crans, subida de montanha 111-113, 115
Siffert, Jo 111
Silverstone 143
Simca-Abarth 85
Simon, Andre 113, 131
Slatter 15
Smiths
    conta-giros 40, 70
    instrumentos 44, 52, 53, 74, 75, 107, 116, 139
Snetterton 59
Spa, Francorchamps circuito 65, 80, 82, 83, 84, 131, 143
Spalding, veja Flamethrower
Sparrow, John 129
Special Police Interceptor, motor 120
Spencer, Lew 43, 54
Springbok Series 59
St Auban, Bernard de 113
Stewart Warner
    bomba de combustível 54
    instrumentos 70, 74, 76, 94, 95, 101, 107
Stewart, Jackie 61
Stirrat, George 22
Stucki, Jean 124, 133
Subida de montanha em Bramont 113
Sun, tacômetro 44, 52, 53
Sunburst, rodas 136-139
Sunday Times, jornal 46
Surtess, John 88
Sussex, Troféu, Goodwood 60, 109

Sutcliffe, Peter 128, 131
Targa Florio 80-83, 131, 144
Tasca Ford 37
Tchokotoua, Príncipe Zourab 80
Tela dividida 70
Tertre Rouge, circuito de Le Mans 86, 88
Therkelson, Steele 59
Thompson, Dick 133
Thompson, Micky 35
Threlfall, Chris 10, 11, 14
Timanus, John 124
Tojeiro 9-14, 16, 28, 41
Tojeiro Bristol 11
Tojeiro Jaguar 9
Tojeiro, John 143
Tour de France 69, 113, 114, 126
Touring 14
Tourist Trophy, Goodwood 59, 62, 111, 112
Tourist Trophy, Nassau 63
Tourist Trophy, Oulton Park 109, 127-130
Trans World Airlines 122, 136
Trintignant, Maurice 113
Triumph 23
TR2 15
Troféu Redex, Brands Hatch 110
Tucson 35
Turner, Alan 15, 23, 78, 79, 119, 121
Turner, rodas 13

Uren, Jeff 59, 60

Vaccarella, Nino 90

Warner, Graham 142
Watkins Glen 64, 103
Weber, carburadores 23, 41, 55, 58, 63, 91, 94, 97
Weller, John 6, 8
White House, circuito de Le Mans 88
Whitmore, Sir John 60, 61, 127, 128, 130, 131, 134
Willment 60-62, 83, 84, 108, 110, 112
Willment cupê 104-109, 130
Willment, John 59, 104, 109, 122, 127
Wolseley 10
Woodcote, Silverstone 61
Woolfe, John 143, 144
Wyer, John 9, 62, 83, 112, 115

Zolder 61

Agradecimentos

Este é um livro sobre os AC Shelby Cobras, para chamá-los por um nome que agradaria a todos. Antes de tudo, devo agradecer a todos os que trabalharam na AC Cars e na Shelby American durante esses tão poucos anos, quando foram produzidos cerca de mil carros.

Em diversas ocasiões enquanto escrevia este livro, tive a satisfação de conversar longamente com John Tojeiro, que, em minha opinião, foi quem deu o passo inicial que levou à criação desse carro. Uma pessoa adorável que, aos 79 anos, com sua excelente memória, a fala mansa e pausada guiada pela modéstia, me ajudou a esclarecer várias questões.

Impossível citar os nomes de todos com quem conversei, mas agradeço a eles pelas informações que compartilharam comigo.

As fotografias são fundamentais para um livro como este, e algumas delas me foram fornecidas por Bob Olthoff depois de conversarmos algumas vezes. Bernard Cahier, amigo de Carroll Shelby e um dos mais proeminentes fotojornalistas internacionais da década de 1960, foi outro grande colaborador. Agradeço-o de coração por ter contribuído para esta obra com tantas e tão belas imagens. "Eu sempre gostei do Cobra", disse ele. Alan Boe, apesar de ser especialista em Ferrari, me cedeu fotos maravilhosas de Cobras no *paddock* durante o USRRC. Deixo de registrar aqui o nome de vários fotógrafos, mas muitas das fotos da época que utilizei neste livro foram produzidas por profissionais como Stanley Rosenthal e Yves Debraine, e outras delas foram selecionadas da vasta coleção de Ted Walker (Ferret Photographics).

Os carros fotografados especialmente para este livro pertencem a Yvan Mahé (CSX2142), Robin Stainer (CSX2193), encarregado do arquivo do Cobra do Clube de Proprietários de AC, a John Haynes

(COB6029), meu editor, e a Ned Scudder (CSX3042), encarregado do arquivo do Cobra do Shelby American Automobile Club, que também me ajudou muito em algumas pesquisas. Jim Maxwell (CSX3288) foi outro colaborador, que passou um dia inteiro fotografando seu Cobra em estado impecável, totalmente original.

É preciso registrar aqui meu agradecimento especial aos integrantes da Shelby American Collection, da qual ouvi falar pela primeira vez em 1997, quando conheci Tom Benjamin durante sua estada na Inglaterra com um de seus carros, o roadster USRRC de Ken Miles. Quando me convidaram a escrever este livro, fui até lá conhecê-lo, e tive acesso aos seus arquivos e carros maravilhosos.

Eles formam certamente o maior grupo de entusiastas de Cobra, proprietários de alguns dos mais importantes Cobras remanescentes, com os quais participam de competições. Mas são também muito ocupados, e seria impossível reuni-los todos para uma fotografia. Entretanto, em 1998, pude registrar a presença de vários deles juntos nas Rocky Mountains. O vencedor da última corrida por convite realizada ali, no circuito de Steamboat Springs, foi Bill Murray, com o 7-litros de seu irmão Dave (CSX3274). Aquela foi sua terceira vitória nos vários anos em que participou de competições naquele local. Na primeira fileira da foto, da esquerda para direita, estão: Glenn Watt, Tom Benjamin (CSX2312, CSX2431), Dave Murray, Lacy Murray e seu pai, Bill, Eddie O'Brien (CSX3224) e sua filha Heather, Lisa e Steve Volk (CSX2137, CSX2345), Dave e Debi Furay (CSX2128) e Jim Cowles (CSX2138).

Steve Volk costumava correr com um Ferrari 275GTB, mas, cansado de ser derrotado por Cobras, decidiu adotar o carro esporte anglo--americano. É graças a ele que existe um museu de Cobras de corrida.

Larry Miller é outro dos proprietários de vários carros que integram a coleção (inclusive o CSX2002, CSX2155, CSX2299 e o cupê Willment).

Bill Murray, além de ter sido muito bem-sucedido em corridas históricas com seus adorados Cobras, foi a última daquelas pessoas a participar de uma competição real com o carro. E isso se deu em outubro de 1963, com o CSX2226, nas provas eliminatórias anuais para o campeonato, em Road Atlanta, quando, prestes a vencer a corrida, foi abalroado por um Corvette. Não tenho palavras para agradecer a Bill por sua ajuda na preparação deste livro. Ele é um profundo conhecedor do Cobra, e sua oficina de restauração em Longmont, no Colorado, contribui muito para preservar a memória das fábricas da Shelby American e AC de meados da década de 1960.

Quando soube de meu interesse por tudo o que diz respeito à AC, Derek Hurlock me forneceu cópias (e, às vezes, originais) de vários documentos históricos da fábrica e fotografias, os quais conservo com carinho.

A todos os que me ajudaram nesse trabalho, cujos nomes não foram citados aqui — mas que sabem que não os esqueci — meus sinceros agradecimentos.

Rinsey Mills